因病得福——
開始，
停止追逐

著　ELAINE CHUNG

譯　劉如風

緣起——早晨恐懼天天襲來

記憶恍如昨日。

那是一個天朗氣清又白皚皚的早晨，我剛睡醒就聽到丈夫在廚房弄早餐的動靜。我的大兒子和小兒子已換上滑雪褲，並興奮地談論著今天會選哪一條鑽石滑雪道冒險去。

按常理，我應該很快樂吧！

首先，兩個兒子正在放寒假，而我們正在日本新雪谷的羊蹄山上，享受我們一年一度的滑雪假期。當時他倆分別是 17 和 13 歲，都是滑雪橇和滑雪板的狂熱分子。

雖然這是一趟遠離香港家園的漫長跋涉（7 小時的飛行及轉機，加 3 小時旅遊巴士），但這確實是我們一家人渴望了一整年的旅程。

在這特別的旅程，我們下榻於 Landmark View Apartments；

從露台落地玻璃窗可遠眺羊蹄山的壯麗景觀，只需 3 分鐘腳程就可以步行到比羅夫纜車站（Hirafu Gondola）。我們簡直置身於完美的景致和位置；可是，我的心靈卻完全置身於另一種狀態中。

我沒有告訴任何人（即使是我的丈夫），有關於我多年來每朝醒來就會冒出來的恐懼；您知道有些人所罹患的「星期日晚上恐懼症」是什麼的一回事嗎？

那是一種當您還在掙扎明天是否要繼續上班所引起的嚴重胃痛癥狀；其實我每天早上都有這種感覺，不！我沒有誇大，的而且確是每一天，我會稱之為「早晨的恐懼症狀」或是「週一症候群」。

腦神經科學家麗薩・費爾德曼・巴雷特（Lisa Feldman Barrett）在《情緒是如何形成的》（How Emotions are Made）一書形容：「早晨恐懼症猶如被一個漩渦式的焦慮脅持著。」

這種焦慮來自大腦對當下身體感覺作出的反應，並藉著情緒彰顯出來；這感覺實在令人感到虛脫。

真奇怪，我與家人正享受著精彩的度假旅程，然而我卻感到恐懼，同時我要向上天請求，求祂幫助我疲累的身軀能離開那張床。

我究竟在哪裡出了問題？

我不能呼吸

其實在很多種情況下：如在家中、在工作場所、跟朋友一起、正在做運動，或只是在散步途中，我時常會感到有種難以呼

吸的窒息感。

無論我在做什麼，在公司的電腦鍵盤上打字，甚或只是在家中進行靜觀，突然不知從何而來，甚至在無關痛癢的時刻，我都會感到喉嚨有種緊縮的感覺；那時候，我會嚴重地喘氣，並試圖用力地把領口拉開，然而我的衣服根本就沒有領口。

究竟我的生命哪裡出錯了？

我有一份自己很熱愛的工作、一個非常深愛的家庭，擁有足夠的金錢讓我過著舒適的生活，還有寶貴的健康。

我完成了一切我應該做的事情——取得優異成績、攻讀商科、成為認證會計師，還取得大學的法律學士資格，然後嫁了一位非常了不起的丈夫；並育有兩個乖巧的兒子，一直在企業階梯往上爬，並且悉心照顧家人。

然而為什麼我每天醒來時，還是出現深入骨髓的恐懼，以至出現了結自己生命的恐怖想法呢？

此刻，我當然不是想了結自己的生命。

但是，只是每當想到，這個「自我了結生命」的想法經常躲藏在暗角，我仍然會感到很羞愧！

倉鼠輪子上的營役生活

說起來或許有點老生常談，但那時我的生命其實正活得像一隻在輪子上轉個不停的倉鼠。

我一直深信：如果我做得更多，我就會得到更多，然後我就

會更快樂。有時候，我知道這個想法有點問題，但是我實在太忙，忙得停不下來去作任何的改變。

在美國心靈作家史蒂芬‧柯維（Stephen Covey）的《與成功有約——高效能人士的七個習慣》（7 Habits Of Highly Effective People）一書中，他指出高效能的人擁有的 7 個好習慣當中，其中一個就是願意騰出時間來磨利他們的工具。

此刻，試想像你在森林中遇見一個正在艱苦又瘋狂地鋸樹的人，然後你問他：「你正在做什麼？」那人很不耐煩地回答：「你看不見嗎？我正在鋸樹。」

你驚嘆地說：「你看來已筋疲力盡了，你花了多少時間如此拚命地鋸這株樹呢？」

他回答：「已經有 5 個小時了，我感到很虛耗，實在是很艱辛的工作啊！」然後你探問：「那你為什麼不騰出幾分鐘來休息一下，然後好好地把鈍了的鋸去磨利、磨利一下，我深信這樣能令你變得更有效率啊！」

然後那個男人木無表情地說：「我沒有時間去磨利我的鋸子，你看不見嗎？我正在很努力地鋸樹啊！」

這個就是我！

在我看來，無論我如何努力或擁有多少成就，我總覺得自己仍然不夠好；我祈求上天能支持我在每個早上起來，能夠不帶著恐懼去度過每天疲憊不堪、如倉鼠般的營役生活，每一天能夠起來，並能重複完成所有的任務；我實在是一隻既忙碌又營役的倉鼠。

對於我的家庭和事業，我感到無比的感恩和幸福，我深知我擁有讓人艷羨的生活，然而日復日、年復年，每一天起床，我的胃裡面都深藏著一份恐懼和不祥的預感。

我猜只是因為我對家庭和事業的那份感恩，才能讓我打消從窗口跳下去的衝動！

擁有如此美滿的人生和事業，我不是應該感到快樂嗎？然而，那時我感到生命有一股很大的空洞和無力感！

追尋快樂

您聽過八十年代一首由 Johnny Lee 唱的 *Lookin' for Love* 的歌曲嗎？

我曾在錯的地方尋找愛
在太多人的身上尋找愛
在他們的眼裡尋找蛛絲馬跡
是我夢想中的東西……

這個也是我。

如果您將「快樂」這個字代替「愛」這個字，我就像一隻轉輪上的倉鼠，在所有錯的地方尋找快樂，我為此感到可憐可悲。

我很擅長去追逐認同和讚賞，我很擅長購買和安排假期，我也很擅長把焦點放在其他人事物身上，嘗試從外在的東西尋

找快樂。

猶如那首歌所說：「我全都在錯的地方，去尋找和追逐我想要的東西。」

我亦常怪責別人或者歸咎其他事情令我不快樂，這個當然不會令我感到驕傲。每當事情出了錯，我總會尋找藉口，也在別人、在工作，甚至在自己身上尋找錯處、找岔子。

然後我會跳回到我的倉鼠輪子上，繼續追逐那些我以為會令我快樂的事情；我繼續買更多的東西，安排更多的假期，更多、更多、更多……

心理學家把這種傾向稱之為具有「外控」的特質。

那些把自己的成功和快樂訴諸於外在世界的人，就是具有「外控」的特質；而那些具有「內控」特質的人，則會對自己的行為負上責任。

了解到自己是一個具「外控」特質的人之後，我知道必須離開我的「倉鼠輪子」，並要好好花點時間，先去磨利一下自己的鋸子。

我的頓悟時刻

人們總愛誇誇而談自己那驚天動地的「頓悟時刻」（Aha Moment）。

然而這個不是我。

我的頓悟時刻不怎樣讓我自己驚訝。

根據《韋伯字典》的定義，「頓悟時刻」是指突然感到被啟悟、獲得洞見、豁然開悟。

有些人有一種類似「燈泡點亮」的時刻，會感到手上的毛髮直豎（即毛管戚的感覺）；有些人在腦海裡突然有種「我發現了、我找到了」的豁然開悟感！

然而，這不是我的狀況。

我的頓悟時刻近似一種「內在覺知」，近似美國電視名嘴奧花‧雲費（Oprah Winfrey）描述她個人的「頓悟時刻」；對她來說，頓悟時刻就是自己滿以為從來沒有這樣想過，然而，您不可能有這個頓悟時刻，除非您其實早已經想過或已經知道。

是以，「頓悟時刻」就是您重新記起您所知道的，並以一種與您擁抱的真理／價值產生共鳴的方式表達出來。所以，頓悟不是某人教您某些事，而是您重新記起那些心裡「擁抱的價值」……

那天，我在白雪皚皚的美麗景色中醒來，跟丈夫在廚房中一起吃早餐，而孩子正在穿著滑雪褲；可是，那種熟悉的、讓我不適的恐懼感卻依然深深藏在心底裡！

然後奇妙的事情發生了……

只是短短的一刻，就像一列突然轉變軌道的列車，把我突然拋離了軌道……

那一刻，沒有驚天動地或心靈上的奇觀；我只感到有點點的震動，因為我的人生列車轉移到「另一條軌道」上。

然後發生了什麼事情？

我脫離原來軌道的那一刻，我知道內心深處的感受，與外邊的世界完全無關。

　　畢竟，我沒有什麼事情出了狀況，我跟所愛的人正在度過一個完美的假期，可是我仍然感到有一份悲哀，所以，問題應該是來自「內在的我」。

　　我每天感到的那份恐懼，喉嚨裡的梗塞，晚上的筋疲力盡，沒有隨著我追逐外邊的認同和讚許而離我而去；即使買更多我喜愛的東西，以及去更多的旅行，也不能讓我遠離那份悲哀和恐懼。

　　當時我隱隱感覺到，那份恐懼不會自動消失，除非我停止「追逐」；我亦不能重新開始，除非我決心啟動一個「由外而內」的旅程，一個尋找我個人真理和價值的內在旅程。

　　一個人從自己內裡發現快樂，從內裡提升覺察力；覺察到我正在做什麼、我是一個怎樣的人，再覺察到我擁有怎樣的一個「覺察旅程」……

　　我不是想告訴您，在經歷「頓悟時刻」之後，我所有的痛苦都消失了，也不是意味著，我的人生列車從此就返回正軌。

　　我想在此跟您們分享的是：這是我們共同的「內在修行」，畢竟您和我都一樣經歷著共同的「內在旅程」。

自序——不能不下筆

「留意你的內在聲音並回應它,縱然很多時候,這內在聲音會告訴你去選擇一條充滿挑戰的路徑。」——格蓮・高絲(Glenn Close),美國電影演員

此書一直沒有放過我。

我一定要下筆書寫。

您有沒有試過這種像有著滿滿能量、將要爆發的感覺?

像有一個呼喚,在心底深處遙遙呼喚著您,然後,當您不去回應這個呼喚的時候,聲音就會越來越大,來得也越來越頻密、逼得越來越急,直到令您有種渾身不自在的躁動。

這種感覺就發生在我身上。

這個感覺最初只是一個內在的絮絮念念,然後當我無視它的時候,它就變成重複出現的念頭,變成在我腦裡一股縈繞不散的嘮叨,以及心底裡面的一股如同荒漠甘露之渴望。

看來這個呼喚完全不肯放過我。

我內在充滿肯定，然而，外在卻被懷疑和不安全感所衝擊著。

我感到自己完全一團糟。

我為自己不去下筆找了許多的藉口，把很多好像很重要的事情放在寫作之前，例如先做一些家頭細務，並告訴自己我明天就會開始動筆。然後這拖延隨著日換星移拖拖拉拉，一拖就是好幾年，也一直沒有正式動筆。

在堅決與拖拖拉拉的猶豫不決之間，我感到格外的透支；我還未開始動筆之前，就已感到有種心靈窒阻以至大腦閉塞的感覺。我真的能下筆將這心中的夢魘驅除嗎？

當我每次延宕與找藉口不去動筆的時候，內在的聲音就不斷地想牽引我的注意。不停地。

就像一隻狗兒不可能放下牠口中的骨頭一樣，《因病得福——開始，停止追逐》這部縈迴心中多年的書債，就如一塊狗兒不願放下的骨頭，只能苦苦咬著不放。

忽視外面的噪音

戴爾·卡耐基（Dale Carnegie）是自我提升及處理壓力技巧的奠基人，他最能詮釋「忽視外面的噪音」的真義：「如果你真心相信某些信念，那麼你就不去理會外面的噪音和評斷，只需要聆聽你內在的聲音就可以了。」

於是，我就真的嘗試這樣做。

我把這部書作為人生階段的首要任務。我每天清晨 5 時就起

床動筆，但平日我只可以寫一小時左右，就要趕著去上班，週末才可以有更長的時間寫作。當我進入那個領域和那種狀態，我完全感受到那種妙不可言，還有做了正確的事情那種奇妙感覺。

史提芬・金（Stephen King）在他的回憶錄有關寫作的章節中提到：「我做一件事情，純粹為了裡面的樂趣，如果你可以為了樂趣而做一件事，你永遠都可以堅持下去。」

簡而言之，我用了兩年的時間鼓足勇氣，去忽略外邊的判斷和嘮叨的噪音，純粹聆聽自己內在的聲音，然後用了 6 個月的時間，在家庭、工作、寫作三者之間像變戲法般忙個不休，然而，這一切都證明是非常、非常值得！

當您閱讀此書的時候，您可能會笑、會哭或頷首認同，甚或對我的旅程，以及我的家人和朋友的經歷（為了私隱，他們的名字都作出了改動）有所共鳴，深信您能跟我有所連結；當您在此書描述的經歷中，也找到自己的影子時，深信您的心都能與我們彼此連結和獲得心靈的共振。

親愛的讀者，我們在這裡都有著共通的感覺，共通的經歷。

成為普銳斯

「成為普銳斯」（Be a Prius）意謂我就像這種混能車，是來自東方和西方的混合體。我現在於香港生活，出生於一個傳統中國家庭當中，10 歲之後就跟父母、哥哥和姐姐一起移民加拿大。

我在加拿大的班上面是唯一一個中國人，也是唯一不說英語的

人。為了生存，我要火速學習英文並融入一個完全不同的文化裡。

在家中父母不准我說英語，因為怕我忘記自己的母語中文。

然後我到了卑詩省的大學就讀，並先後在新加坡及溫哥華工作；直到 1997 年，在加拿大生活 15 年之後，我移居回香港工作，並在香港結識了蘇格蘭籍的丈夫，然後我們有了兩個男孩。

自 10 歲開始，我要在兩個不同的文化當中工作和生活，同時好不容易地去找到平衡；我說廣東話和英語，我寫中文和英文，我和我的家庭是東西文化的結合體；聽起來很美好吧！對嗎？然而有很長的一段時間，我感到自己不屬於任何一個文化！

在學校的時候，因為我不能夠適應或符合新的文化，所以我被欺凌；在家中，我被嘲笑，純粹因為我是「男仔頭」並抗拒傳統中國人的家規。我來自一個充滿傳統中國人價值的家庭，所以我一直要努力去適應以符合家人的期望。

待我長大了，事情變得越來越糟糕。家人把遵從及尊重長輩看得非常重要，父母期望我服從、勤奮，在學業上成為 Straight A 的優等生；他們的訊息清楚不過：我要符合、要遵從，不需要突出、不要特立獨行、不要鋒芒畢露、不要成名⋯⋯不要被人注意。

成長、異地文化和家庭的傳統要求，這一切都令我感到有種不安全和迷惘的感覺。

您可以想像，當我想寫這樣一部書的時候，每當想起因為這部書而令我受到注目的時候，那份不安全感真的有那麼大嗎？為何我有資格寫一部書？我有什麼話可說？畢竟，著書立說不是都

來自擁有超凡經驗的人，大概不會來自如我這樣平凡的人吧！

今天，我會把自己比喻為「豐田的普銳斯」；一個完完全全的混合體，一個夾雜中國文化價值觀與西方理念的現代女性。我擁抱兩個世界最好的東西，我為我自己所承傳的兩種文化感到驕傲，並以能夠自由選擇做回自己而感到歡欣。

當您閱讀此書時，我也希望您能夠擁有兩種文化的混合，擁抱您的過去並融合您的現在；接受所有令您跟別人與別不同的東西，並知道您是值得快樂的。

心智的故事

在《因病得福——開始，停止追逐》一書裡，我會跟大家分享很多瘋狂的故事，每當我們受到傷害、憤怒或挫敗的時候，我們的腦袋會創造出天馬行空的瘋狂故事。

我們常會用「瘋猴子」來形容當我們感到不安、焦慮和迷惘混亂時的心智狀態，牠亦被稱為「內在批判者」，瘋猴子常阻止我們活在當下。

當我們在這種心智或狀態下，我們的腦袋最容易連結到我們的小我（Ego），瘋猴子會說三道四，讓我們感覺到自己做什麼都不對勁，亦永遠都做得不夠好；這種狀態更會令我們沉溺於一種負面的心智故事，令我們不斷沉溺再沉溺，阻止我們邁步向前。

心智是奇妙的，然而在焦慮時，它也可以蒙蔽我們，蒙蔽我們內心想跟自己說的話。

此書的目標是想培養我們重新發現自己內在的批判聲音，培養我們不為將來未發生的事情而焦慮，也不被過去已發生的事情所困擾。學習安於當下的身心狀態，從而聽到自己內心真正的呼喚和需要。

停止追求——開始流動

此書的第三個部分將會分享很多有關追求，以及因追求而帶來的痛苦，最重要的，是我想讓大家知道，「追逐」和「追尋」是兩碼子的事。

追尋意味探索。追尋內在的真理、探索內在的聲音，從而帶來快樂；那是一個整全、心靈全然開放的狀態。

追求完全是另一種能量，純粹專注於狹隘的角度。當然，追求會帶來外在的認同，以及可以掛在牆上，令人感到快樂的獎項／獎杯或是榮譽；可是，這份快樂往往只是短暫和虛浮，而且只會引起我們更多、更多的追求，可是那絕對不是真正的快樂源頭。

我喜歡美國靈性演說家亞伯拉罕・希克斯（Abraham-Hicks）講述「幸福之流」的時候，提到幸福往往是來自非物質的：

「想像你在一條漂亮急促的河邊划著你的獨木舟，然後你故意把你的船槳逆水而划，在急速流動的水流當中，你要用更大的力度去划……」

我們會問：「為什麼不順著水流而划？」

「這樣不是很瘋狂愚蠢嗎？母親不允許我們這樣做，老師也是。」

事實上，掛在我牆上的每一個獎盃，都是來自我拚命逆水而行、逆流而上才得到的，而我的價值也是來自不斷比拚其他人而被確認的；我們打拚得越屬害，我們得到的獎盃就越大。

可是，沒有您想要的東西是要您逆流而上才得到的，當您要躍過激流，您就無法避免會遇上打擊。

「幸福之流」是一條力量澎湃的河流，它會引領您飄蕩往下流。當您隨水漂流而去，將會迎來一個美好的旅程；而當您要逆流而上，您只會感到永不厭足、恐懼和挫敗。

追逐、追求帶來痛苦，順流而下才會感到幸福。

此刻就開始停止追求。

在此書中，我將會分享我們最常追求的事物，以及為何會孜孜不倦去追求。您將會發現人們追求事物的背後最大原因，以及如何可以停止追求，在一個充滿友愛和支持的環境下停止追求。

無需要感到羞恥，無需要自責。

我們都有著同樣的經歷。我們也會分享快樂以及怎樣保持快樂，當您開始停止追求的時候，您會發覺，保持快樂比想像中容易。

此書是一部快樂的指導書，是要從裡面到外面。

若果您對輪上倉鼠式的營役生活已經感到厭倦，書中的故事肯定會對您有所啟悟。

若果您想要的，是更快樂的人生，保證您將在此書中找到終極的價值。

代序

　　還記得第一次見到 Elaine Chung 已經是在 2017 年，當時她從香港長途跋涉來到加州三藩市，參加一連四天在我家舉行的「Yes to Success」（向成功說是）課程，課程的主題名為「活出您的真理，成為光」（Living Your Truth, Becoming the Light）。

　　令我印象最深刻的，是 Elaine 矢志不渝為生命作轉化的決心，以致她不辭勞苦也要長途飛行 7,000 公里來到世界的另一端，遠赴一個生命轉化的約會，當她剛從時差的不適中恢復過來時，這個徹底改變生命的約會剛巧亦已來到尾聲！

　　隨後對 Elaine 有更深入的了解後，我逐漸著迷於她從修行衍生出來的寧靜美麗與智慧。她向我們表述長期困擾著她的自我質疑，以及她每天醒來都被恐懼籠罩著的困境；她又分享了生命中的各種衝擊和危機，如何驅使她潛進生命的深處，去尋求轉化、去探索人生本源的滿足與快樂。

　　隨著 Yes to Success 課程的進展，Elaine 才不太情願地透露她擁有多個學位和豐富履歷的卓越成就。待課程結束時，大家心裡都明白，驅使這位才華橫溢、富有洞察力的女子千里迢迢來上課

的，其實是她對獲得「由內而生之快樂」的渴望，以及能活出「持久快樂」的決心。

在《因病得福──開始，停止追逐》一書中，讀者會發現 Elaine 這項「尋真覓道」的任務已圓滿地完成了！

在此充滿火花和洞見的著作中，讀者不僅能體會到 Elaine「自我質疑」與過度追求「別人認同」的根源與帶來的痛苦，還會了解到為什麼「自我懷疑」（Self-Doubt）是當今世界最普遍的心靈病──尤其是對女性而言。

讀者還會體會到，由 Elaine 發展出來的「快樂配方」（The Formula）如何轉化她的生命，以及如何轉化讀者的生命。事實上，「快樂配方」對 Elaine 非常有效，我認為她已稱得上是我認識的人當中最快樂的！因為當我與她於 2019 年在印度重遇時（即在 COVID-19 把世界陷入停擺之前），我們走在一起的日子是那樣充滿笑聲和驚喜，她那份由內而生的喜悅，確實已驅除那些折磨她多年的自我批判與自我質疑！

如果這就是讀者想要的生命轉化，我保證您們能在此書中找到想要的金鎖匙。

這不是一本枯燥的「操作指南」書，它為讀者們提供靈感源泉，也為個人成長提供各種各樣的工具。Elaine 巧妙地將她所學到的心法，編織於她的人生故事當中，而她的故事又是如此引人入勝，以致於一翻開就難以放下這本「生命轉化之書」。

在此書當中，讀者們能學到如何使用各種轉化的工具，這些工具能讓充滿挫折、自我懷疑甚至絕望的意識狀態，轉化為一個

相信一切都會安好，所有可能性都在等著自己的意識！讀者們一邊看，一邊就像感覺到獲得了一次又一次的獎勵與啟迪。

在閱讀此書時，讓我印象特別深刻的一件事，是 Elaine 多麼勇敢地分享她的痛苦和掙扎；她的脆弱讓我一時屏住了呼吸，一時又對她敞開的心扉鬆了一口氣；她如此勇敢地表達出大多數人都不敢宣之於口的感受與經歷，這份勇氣與坦誠真的讓我非常敬佩；最讓我再三回味的，是 Elaine 如此啟迪人心的生命轉化故事！

我相信您們也會對 Elaine 的掙扎、失望和焦慮有所共鳴，您們會一再重複地對自己說：「若果她能創造美好的生活，我也能！」

沒有人比 Elaine 更有資格著作此書，因為她持續地把「快樂配方」應用到她生活的方方面面，並隨時隨地使用她的「緊急情況清單」來保持平靜與提升能量；無數其他人也嘗試使用了「快樂配方」和「緊急情況清單」，並證實 Elaine 分享的經驗是如此有效，並深深明白到，自我懷疑與恐懼帶來的痛苦與毀滅性！

讓 Elaine 藉著此書，向我們展示如何透過覺察、停止、靜止和轉移來取回幸福與平靜。我深信您們在《因病得福——開始，停止追逐》當中，將會找到您們遍尋未獲的答案與持久的快樂！

黛布拉・波尼曼（Debra Poneman）

Yes to Success, Inc. 課程創辦人

推薦

　　《因病得福——開始，停止追逐》是純粹的魔法。老實說，我無法放下它。作者 Elaine 在引人入勝的人生故事和自我發現之旅下，分享了她深刻改變生命的心法和易於實踐的工具。我從中得到啟悟。

黛布拉・波尼曼（Debra Poneman）
美國偶像心靈雞湯作者
Yes to Success, Inc. 創始人及首席執行官
www.YesToSuccess.com

　　《因病得福——開始，停止追逐》充滿了軼事、訓勉和洞見。作為過來人，作者為那些無緣無故被恐懼和悲傷困擾的人，分享了各種能保持寧靜與持久快樂之竅門。她的經歷讓人們深深明白到，喜悅之匙，不是從外在環境中找到。我欣賞 Elaine 的勇氣，她毫無保留地公開地說出真相與表達真實的自己，以及如何活出喜悅與寧靜。

Elaine 透過她的「頓悟時刻」，深邃地分享她的「自我發現」，以及如何在「情緒風暴」中仍能瞬間恢復寧靜。

瑪西·許莫芙（Marci Shimoff）
國際演講者
紐約時報暢銷書《無緣無故的快樂，無緣無故的愛》與《女性心靈雞湯》作者
「你的奇蹟年計劃」聯合創始人
www.MarciShimoff.com
www.YourYearOfMiracles.com

如果你生活中的一切表面上看起來都很好，然而你內心其實卻很痛苦並迷失了，那麼《因病得福——開始，停止追逐》這本書正正適合你。

Elaine 用文字表達了絕大多數女性不敢表達的感受——如何能脫離「虛假、空洞、重複」的倉鼠輪子？如何不再為「短暫又虛假」的快樂而疲於奔命？

加入 Elaine 的旅程，你會了解如何「一次一秒，從痛苦轉變為平靜的旅程」。

麗莎·加爾（Lisa Garr）
亞馬遜暢銷書 Becoming Aware 作者
The Aware Show and Being Aware 主持人
www.theawareshow.com

在她的《因病得福——開始，停止追逐》一書中，Elaine Chung 捕捉到了許多美麗的方式來感受喜悅、平靜和快樂。她用清晰、直接且易於理解的方式來開闊我們的生活觀，令人愉悅且引人入勝。謝謝你，Elaine！

蘇・莫特博士（Dr Sue Morter）
莫特生物能源研究所創始人
暢銷書 The Energy Codes 作者
BodyAwake Yoga 研發者

Elaine 坦率且幽默，分享了她從持續的情緒困擾到獲得喜悅的轉化歷程；她提供了實用的工具，指引我們走上真正幸福和平靜的道路，原來，這一切本來就在我們心中。

在我認識 Elaine 的這些年裡，我見證了她深刻的轉變，我向所有人強烈推薦這本書，作為尋找平靜和持續喜悅的資源。

蘇珊・勞勒（Suzanne Lawlor）
「你的奇蹟年計劃」總教練

打從 2019 年在印度的「生活藝術修行所」第一次見到 Elaine Chung 的那一刻起,我就被她的喜悅和活力所吸引,我為她從絕望中轉變到能實踐出生命的喜悅,感到不可思議;她的故事為那些想在自我發現、個人賦權以及自我實現方面的人來說,提供了清晰的路線圖——無論是生活或是心靈上的。

此書像一本引人入勝的小說,其中點綴著各種洞見與啟迪,讓個人成長成為終身學習的盛宴。我強烈推薦這本書!

羅尼・紐曼(Ronnie Newman)
教育碩士,C.A.S.
美國生活藝術基金會研究與健康促進部主任
美國佛羅里達州新星東南大學終身學習學院教師
印度奧里薩邦 Sri Sri University 名譽教員

Elaine 的故事證明了「身心語言程式學」(NLP)的核心原則,即我們都擁有解決自己生命難題的所需「內在力量」。

透過此書,您會發現 Elaine 研發的「快樂配方」(The Formula),正是人們想要獲得「內在力量」的鎖匙;Elaine 的頓悟時刻實在非常鼓舞人心。

黃重生
全球 NLP 認證培訓師
DD 中心創始人兼董事——創造積極影響培訓中心

這本書使人們能夠從「內在」尋找寧靜與喜悅；這是一本通俗易懂的書，裡面充滿了幫助人們從痛苦走向平靜的實用心法；Elaine 用心歸納的「緊急情況清單」是一套簡單而強大的工具；我強烈向任何正在尋找持久平靜和滿足感的人推薦此書。

Sook Hyung Paek
專業認證教練（PCC）
轉型和變革的領導力教練
Baobab Executive Coaching 猴麵包樹執行教練共同管理合夥人

作者在此書中，非常誠實地談論她在追尋快樂時的種種挫敗經歷；Elaine 深刻理解所有尋求平靜和持久幸福的人，心中的那份渴望和掙扎。

除了個人峰迴路轉的生命故事，Elaine 還提供了簡單又深邃的指導和實用技巧，來帶領讀者完成自己的頓悟旅程。

凱瑟琳・約翰遜（Kathryn Johnson）
暢銷書《障礙的喜悅——在困難的日子裡慶祝一線的曙光》作者
www.inspiredbykathryn.com

致謝

寫一本書，原來比我想像更複雜，也比我想像更有價值。

如果沒有我丈夫的愛和支持，我肯定這一切都是不可能的，我先生一直是我的磐石和繆斯；還有我的兩個男孩，他們是我的老師，也是我生活中的樂趣，感謝我們一起分享的所有愛、所有樂趣，以及永遠的笑聲；最重要的是，感謝您們讓我相信，八條腿比兩條腿一起走過困難會更美好！

我永遠感激我的姐姐，實在無法以言語來表達您的善意和關懷，在我的寫作過程與生活方面帶來的重大意義。感謝您許許多多的擁抱和關愛。

感謝爸爸媽媽，感謝您們的耐心，並給我空間讓我做自己。還要感謝我的哥哥教了我人生最重要的課程——寬恕！這個人生大課題，我還在學習中！

致我的嬤嬤，雖然您已不在我們身邊，但您給我的禮物與教誨永遠藏於我心中；雖然我從來沒有機會感謝您，但我會永遠感激您。

致非常愛我的堂家姐 Charis Chung，因為當我處於自我懷疑

的黯淡時期，您仍然深信我是一個出色的人，感謝您對我信任、為我祈禱、支持我，並閃耀著光芒。

寫一本書就像生孩子一樣。

對那些與我同行過的人，我真的有說不盡的感恩。Debra Poneman，我不能要求一個比您更非凡、更可愛的導師，您給我光明，您是我想成為的榜樣。

每個人的生命中都需要有人鼓勵自己「活出真我和本我」，我的教練 Suzanne Lawlor 就是這個人。謝謝您照亮我的盲點，教我如何善待自己。

謝謝您，Marci Shimoff，您向我展示了不需要緣由就可活出快樂的方式，您是巨大的靈感。還要感謝 Lisa Garr 提醒我對生命的議題要更加「覺察」，而不僅僅是讓它們流過。

非常感謝我的 NLP 老師和朋友 Talis Wong，這些年來，我從您那裡學到很多寶貴的課程，不僅僅是關於 NLP，而是關於生命和正確的生活，感謝您慷慨地分享您的知識並以身作則。

如果沒有我的好朋友 Sook Hyung Paek 在我寫作時不斷給我意見和鼓勵我，我相信就難以完成此書了。您看到連我自己也看不到的優點，您就像一瓶維生素，跟您交談後，我總是深受滋養。每個人的生命實在都需要一個像 Sook 的優質教練！

非常感謝 Susan L. Reid 博士，您出色地幫助我，把我的想法轉化為文字，謝謝您把我推到終點線！

Sayuri Ichikawa，感謝您在這個項目的起始階段，成為如此出色的「傳聲筒」，感謝您，讓我從您那裡獲得靈感，並學習相

信自己，以及相信這本書帶來的價值。

特別感謝我的好朋友 Winnie Suen、Diana Tu、April Tang、Sue Shelley、Kathryn Johnson、Paula Qi 和 Aditi Ahalpara，您們的善意和支持不僅給我寫這本書的力量，也支持我能昂首闊步走過困難。

我通過生活藝術基金會結交了很多好朋友，認識了很多美麗的人，特別感謝 Gurudev Sri Sri Ravi Shankar 的祝福。謝謝您讓我看到沉默中的美麗，無條件的愛和善良是可能的。

我還要感謝在道路上幫助我的所有老師和治療師，包括 John Newton、Master John Douglas、Amshiva、Ronnie Newman，以及在 The Sedona Method 課程遇上的每個人。

我非常感謝我的「奇蹟之年小組」的姐妹們：Wendy Nichols、Muriel Soden 和 Janice Ong，感謝您們的明智建議和出發點。

我也衷心對香港會計師公會的每一個人表示感謝，您們對我來說就像第二個家。

最後，我特別感謝和欣賞我心中每天都在感謝的性靈：Jesus Christ、Bhagavan Krishna、Mahavatar Babaji、Lahiri Mahasaya、Swami Sri Yukteswar 和 Paramahansa Yogananda。

感謝您們給我的所有禮物，以及幫助我成長的教誨。謝謝，因為我知道當我發出呼喚，您們就會回應。

Elaine Chung

with Dr. Susan L. Reid

目錄

第三部分　從現在開始——快樂配方的日常實踐

第一部分

快樂配方

THE
FORMULA

第一章

驚醒

「弟子若渴求問道，良師自會顯現。」

——老子

我一生人都是一個追逐者。

在孩童的時候，為了追逐父母的認同，我努力去獲取優異的成績，學習成為一個乖巧的孩子；年輕的時候，為了追逐同輩的認同，我追逐各種可以融入的方法；到了成人階段，我所做的一切，背後都是為了追逐……

就像農曆新年時那些彩獅不斷飛舞爬升，都不過是為了追求懸掛在棍子末端的「生菜」；而我所追逐的，是學位、學歷和工作成就，我當然還要嫁一個門當戶對的人，穿合適的衣服和規行矩步。

可是這些追逐都令我徹底透支；回望，我甚至再不喜歡我自己了。

然而，當我們向外尋求認同，或是感到自己不夠好、覺得自己不 OK 的時候，追求就被視為正途，企圖藉著不斷追逐以獲得快樂。

問題是，我總是會感覺不夠，永遠都想要更多更多，就好像一條胃裡的寄生蟲，無論我攫取多少新的東西，我仍然沒有獲得滋養的感覺。

如果您仍然願意繼續閱讀下去，我猜，您或許也有這份同樣的經歷吧！

我們都總是向外邊的世界無止境地追逐。

我們都感受到這份痛苦，因為這就是我們不斷的追逐，直到追逐所付出的代價實在太昂貴，最終我們才會醒來。

警鐘響起

我們常聽說人們遇上心靈的「警鐘」（wake-up calls）響起來的經驗。

電視劇集經常描述某些人的愛人離世、孩子神秘失蹤、夫婦分離；我知道有些人經歷了事業生涯無疾而終的慘況、災難式的經濟損失、恐怖的宗教迫害；還有會改變一切的意外、疾病以及損失。

逐漸地甦醒過來

我的警鐘響起之過程，沒有那麼戲劇性。

為何？因為我前半生都在痛苦中度過每一天，情緒的困擾對於我來說輕鬆平常。

多年來，對於我不斷追求外在人事物的認同而引起的痛苦，其實我已習以為常，變得自然而然，所以我能以鋼鐵一般的意志，繼續過著我的日常生活。

所以我唯有時常勉為其難「頂硬上」，並時常處於極度繃緊的狀態。

很多時，我不假思索就搶著要攫取下一棵「金生菜」，希冀獲得以後就會讓自己感到好過一點。

我不敢去回想，我曾經有多少次無視自己內在聲音的催促，叫我看看內在的世界，而非汲汲追求外在的快樂；相反地，我像坐上了無盡的迴轉木馬，迴環往返追求著下一個虛無縹緲的機遇。

是時候付出代價

終於，一生不斷盲目追求終於要付出的代價抓住我了。

那是 2014 年。

先前幾年的日子，我已隱隱感覺到有些事情出錯了。

起初，我留意到經期的日子常出現不尋常的情況，我試圖合理化那些問題是因為身體荷爾蒙發生變化所致。況且我根本沒有時間作檢查。您知道我是多麼的忙碌，忙著去追求。

然後，血流得越來越多，那時我是覺得厭煩多於擔心。因為我時刻忙著工作和照顧家庭，哪有時間安排去見專科？是多麼的浪費時間啊！

最後，直至事情的嚴重性不能再視而不見，我終於去見醫生的時候，我流血的程度已到了不能不輸血的危險地步！

那年 11 月，我被診斷罹患第一至第二期的子宮癌，並要進行全面的子宮切除手術；當時我 42 歲，兩個兒子分別只有 14 歲和 10 歲。對於我們全家人來說，那是一段充滿不確定和恐懼的日子。

當學生已準備好

手術後，醫生吩咐我要留在家中休養康復，對一個一生人都在奔跑追求的人來說，那些日子就如同坐牢。然而，始料不及的是，那段日子竟成為我往後人生中一份重要的禮物。

說這是一份禮物，只因第一次在我的生命裡，我得把焦點完完全全放在自己身上。我自己的健康、我自己的康復、我自己的

福祉。我完全不能外出工作或進行體能活動；幸好，感激我的丈夫全力照顧兩個孩子。

從那時起，責任的鎧甲忽然從我的肩膊上卸了下來，那時我才能把時間聚焦自己的內在世界。

當我思考人生的時候，寧靜無聲無息地降臨。

生命的意義是什麼？這一切有什麼意義？

我叩問，然後用心去傾聽，然後問得更多。隨著問題越來越多，生命像書本那樣在我面前打開了；一些工作坊、老師都像冥冥中注定那般，主動跟我相遇，一份更深層次的領悟開啟了。我知道是時候要放下那些因汲汲於追求而帶來的痛苦和苦難。我如飢似渴的看完幾部心靈巨著，如大衛·霍金斯（David R. Hawkins）的《臣服之享》（*The Pathway of Surrender*）以及約瑟夫·墨菲博士（Dr.Joseph Murphy）差不多所有著作。

在我所讀過眾多的心靈書本中，其中一本最有影響性的書，是帕拉宏撒·尤迦南達（Paramhansa Yogananda）著作的《一個瑜伽行者的自傳》（*Autobiography of a Yogi*）。

我深深景仰著尤迦南達，這本書帶給了我希望，讓我知道有一個世界超越自我，比自己更大、更值得關注；此書跟海倫舒文（Helen Schucman）著作的《奇蹟課程》（*A Course in Miracles*），都更加鞏固我放下追求外在世界的決心，以及聚焦於自己；終於，我重新尋回了自由和愛。

「奇蹟課程」亦幫我明白寬恕的真正意義，以及明白對於人事物的批判往往是無所根據的，批判往往只是出於自己的建構，成為了掩蓋我們內心痛苦的幻象。

我亦閱讀了所有佛羅倫斯·思科維爾·希恩（Florence

Scovel Shinn）希恩的著作；我從她的著作，學到思想與文字的神聖性，其《召喚奇蹟的幸福說話書》（*Your Word Is Your Wand*）是我最喜歡的書，一本指導人們活得更快樂的書；而《健康、財富、愛與完美自我表現的人生秘密》（*The Game of Life and How to Play It*），則讓我明白可以在所有所作的事情上，彰顯成功與幸福。

另外，米高‧艾倫‧辛格（Michael A. Singer）所寫的《臣服實驗》（*The Surrender Experiment: My Journey into Life's Perfection*），亦教曉我打開心靈和臣服於生命的意義，讓我知道生命的一切都是來自宇宙的恩賜。

我從亞伯拉罕‧希克斯（Abraham-Hicks）的教導中，學到有關於和諧共振與如何提升頻率，以及為何我們需要讓自我的震頻自由浮升。

這些著作把我帶往全新的視野，帶給我莫大的頓悟，讓我更了解自己應走向哪個方向，去終結我的磨難。

內在

隨後，我發現我所有經歷的閱讀和學習，原來都是指向同一個方向：就是所有事情都應該從內在（Inward）開始。所以我報讀了「Your Year of Miracle」，並從我的心靈導師 Debra Poneman、Marci Shimoff、Dr. Sue Morter 身上，學到整全的生命課題。

在 Debra Poneman 一整年的心靈指導下，她給我清晰視野和技巧，讓我了解如何活出恩典和真正的成功；再次讓我更清晰明

白，我過往所追求的一切，都不能為我帶來持久的快樂。

只因快樂應是一個建基於內在的工程。

從《生活的藝術》（*Art of Living*），我學到如何體驗深層次的內在平安，以及在「自然三摩地靜心」（Sahaj Samadhi Meditation）當中體驗到喜悅；從「淨化呼吸法」（Sudarshan Kriya）當中，我學會如何重拾自己的快樂節奏；深層次的頓悟傾注我心，讓我從內到外獲得深深的清洗。

這一年之內，我在香港大學附屬學院修畢一個行政人員的「企業教練文憑課程」，我感覺到是時候開始幫助其他人了。

那個需要追求外在認同、不斷追求外在事物以求令自己滿足的女人，已脫胎換骨地變成另一個我了。

雖然外在世界的我依然運作良好，然而我真正的「心靈居所」卻是內在的世界。當我接受邀請去醒過來的時候，我的內在世界就在蛻變，您的也是一樣吧。

那是過去，這是此時此刻

在此書的第一章開首，我引述了中國哲學家老子的這句話：「弟子若渴求問道，良師自會顯現。」

以上提到許多的良師，我對他們全都非常感恩。

2014 年之前，我不停追求外在事物和外在認同。

那時我時常處於憤怒狀態，以及怪責他人令我有負面情緒；那時我悲觀又好勇鬥狠，在工作上充滿鬥心和攻擊性，令所有人都要避開我。這個昔日的我，以及與我相處的人，時常都會感到戰戰兢兢。

現在的我變得平易近人。「她內在寧靜，外在給人溫和放鬆的感覺。」這是最近朋友和家人對我的形容。

當然，我偶然也會被觸怒，但是現在我很少怪責別人或環境觸動我的情緒，若然我被觸怒，我會覺察並立刻停止。

現在的我每日都會做靜心，現在的我是一個更好的朋友、一個更深思熟慮的媽媽、一個更和善的太太，我多了聆聽，少了說話。過去四年來的每一年，我都會參與一次退修，來平靜自己的心靈。

我滿足嗎？是。

我快樂嗎？我知道怎樣快樂。

我使用我稱之為「快樂配方」（The Formula）的方法令自己快樂。

那麼，您也可以學習如何使用「快樂配方」令自己快樂嗎？絕對可以。

看完這本有關「開始停止追求」的著作，相信您不需要像我，需要經歷一次生命受到威脅的警號；也無需閱讀如此大量的書、報讀非常昂貴的課程，或是擁有這麼多的心靈導師牌照。

當然，若然您已經有一個警號在響起，您可以把這本書視作您的救生圈。看著我站在彼岸，向著您的方向拋下一個救生圈，抓緊！它能夠讓您拚命尋找立足點的時候，能繼續浮著。

您將能夠透過一種由我發展出來的技巧，找到您的立足點。萬一在人生旅途上遇到非常有威脅性的致命巨浪時，此方程式會幫助您從內在尋找平安。我將之稱為「快樂配方」；透過此方程式，您將會學懂如何很快地安頓心靈和回復內在平安。

《因病得福——開始，停止追逐》這部書是給每天活在恐懼

如我的普通人；那些渴望尋找自己以外的人事物，給予接納、給予認同的人，那些一直追求「金生菜」的人。

這部書也是為了給正在尋找平安、渴求滿足，以及需要一個重新開始的人而寫的。

我知道追求的痛苦。

我知道您也知道。

此書將會把您導航回家，回到一個更中心、更平安的家。

您可以期待什麼？

第一部分是核心部分。您在當中會學到「快樂配方」；一個既簡單又有效的技巧，將會指導您如何停止追求，以及獲得心靈寧靜。

我會毫無保留地分享和指導。

您將會見到我毫不掩飾的缺點和療癒過程：失敗、錯誤以及成長。在我的故事裡，您將會見到在實踐中的「快樂配方」，以及用來處理情緒，由紅色的火爆情緒到回歸心靈和平靜的三步曲簡單步驟。

整部書散落著我個人追求的失敗例子，您將會見到我做錯的，以及我如何重新作選擇；對於我的遺憾失敗，您可能與我同哭同悲，感同身受；對於我獲得了頓悟，也期望您會為我打打氣。

第一部分的結尾，我會分享我的「緊急情況清單」以及幫助發展您個人的「緊急情況清單」。那麼您就可以有一手準備，隨時可以預早撲滅您的火紅情緒，或者在它把您吞噬前預先把它處理。

整個第三部分是有關於我們現在就可以做的事，即是自我情緒管理。當您需要回復自然的安穩力量，我會分享 Dr. Sue Morter 的「中央管道呼吸」（Channel Breathing）平靜技巧。當您需要立即恢復短暫失去的理智時，「集中於當下每一秒」（Once second at a Time）的心法確實是很管用的，我就經常需要應用此法。

　　接近尾聲，我將會分享一個來自家長們很特別的信息；將會給您展示一整個家庭如何使用夏威夷人常用的荷歐波諾波諾（Ho'oponopono）「零極限療癒法」(Zero Limits)，如何彼此作出修和與寬恕。

　　回說在中間的第二部分，我將討論五種我過去狂熱追求的事物：操控、過去、扮演別人、成功及金錢；以及最終放下的價值和如何成為更好的自己。

　　您可能會被我逗笑，對我的誠實感到非常驚訝，「我真的不能相信她會說這些」；每天每時每刻，確實都可以是深刻的學習體會。

　　先撇開貼士及技巧，如飢似渴地閱讀《因病得福——開始，停止追逐》，從追求中釋放自己，您才會擁有快樂，無論您現在置身何時、何方以及何模樣。

　　當您已準備好，我已來到這裡，沿途為您加油！

第二章

一部普通人之書

「滿足於平凡的生活。」

——老子

我是一個普通的女人，過著普通人的生活，有一份普通的工作，只是碰巧我想出了三個簡單的步驟，以及「一次一秒鐘」的心法，來恢復理智與平靜。

這三個步驟並不是什麼新鮮事，您會發現這些步驟的其中一些部分，也曾經被其他人使用；然而，我以一個有系統、有意義的方式，將它們放在一起，幫助我擁有並過上幸福的生活，我相信它也會幫助您做到同樣的事情。

我在2018年始開發「快樂配方」，因為我的使命是要弄清楚：我生命中需要做些什麼，才能令自己獲得快樂。

我有兩個很棒的兒子、一個了不起的丈夫，還有了不起的朋友、一份喜歡的工作，還有足夠的金錢讓我感到舒適；然而，不知何故，我仍不快樂！

我怎麼了？

我去日本滑雪、去印度度假、去美國參加活動……可是，為什麼我仍不快樂？

「為什麼我仍不快樂？」這問題，驅使我開發出「快樂配方」和「緊急情況清單」；當我為自己開發「快樂配方」時，很多人都看到它對我生命的影響，以致他們也想拿來使用。

於是，《因病得福——開始，停止追逐》這部書便應運而生：這是我給所有也想要幸福的普通人帶來希望的方式。

平凡的生活

像大多數人一樣，我每天上班、下班，回到家已經筋疲力盡了。

我用賺來的金錢來支付休閒的時光，我期待週末、休假、年

假，能夠與家人共度的時光。

我購買東西、拜訪朋友、嘗試健康飲食，並定期鍛煉身體。

我和您們一樣，過著平凡人的生活。

英雄之旅——女英雄也一樣

「英雄之旅」（The Hero's Journey）是一個獨特的神話——一個標準的故事模式，一個英雄出發去冒險、去屠龍，然後回家，其生命就有所改變及轉變；英雄之旅的敘事方式，遍佈世界各地。

美國神話學家約瑟夫‧坎貝爾博士（Joseph Campbell）畢生致力於研究英雄之旅，他發現這是一個非常重要的神話，它包含在各個主要的世界文化中；各個神話和宗教英雄（尤利西斯、普羅米修斯、摩西和佛陀……）已經存活了數千年，並且都共享相似的基本結構。

儘管旅程中的階段或步驟有所不同，但英雄之旅的三個主要核心保持不變：

- 離開（Departure）
- 啟迪（Initiation）
- 返家（Return）

在我的情況中，我的冒險從我收到一個「呼喚」開始，並從此讓我展開行動，並且跟無法理解的「力量」產生了連結。

女英雄受到召喚啟程後，她必須跨過熟悉的世界，進入未知世界的門檻；正是穿越這條試煉之路，令女英雄在旅途中受到了

考驗、磨練和強化。

女英雄之旅的最後一部分是回家；然而，在回家以前，通常需要作出犧牲——女英雄必須心甘情願地捨棄一些東西，犧牲正是需要改造女英雄內心的某些部分。

我的女英雄故事：離開－我的行動號召－弄清如何獲得快樂！

什麼才是真正的快樂？當然不是來來去去、轉瞬即逝的快感，而是持久而又深邃的幸福。

我就是想要那樣的幸福。

我知道這聽起來有點陳腔濫調——我只是想快樂——然而，正如您從「此書緣起」一節中所知，我的生命陷入了可怕的困境；每一天，我醒來時都感到一股令我虛脫的恐懼，並呼求上帝幫助我起床；我感到無比沮喪和焦慮；很多時候，我的喉嚨緊縮得厲害，幾乎無法呼吸。

不明所以地，我感到非常不開心。

對任何人來說，這不是生命應有的狀態。

我嘗試過多不勝數，或許能幫助我解決不快樂的技巧和療法；縱使它們有些也能給我一點短暫的幫助，可是它們並沒有為我帶來持久的解脫，我每天仍在繼續掙扎。

我真的渴望弄清楚，究竟是什麼令我無法釋懷，以及獲得最終的幸福！

啟迪

正是這份決心和堅定，開啟了我的女英雄之旅，並支撐著我從絕望的世界，跨進未知的幸福世界的門檻。

旅程開始的時候，我不知道進入一個幸福的世界，會是什麼感覺；我也不知道在那裡是否可以找到快樂，我連持久的幸福是什麼感覺也不曉得。然而，我已決心，且願意努力去那裡尋找；我只知道必須找到它，我也願意在這個過程中作出改變。

我開始調整我的態度。

雖然我仍然過著同樣的日常生活，但嘗試改變我的態度；我沒有感到沮喪，反而感到感激。（懷著感恩的心情度過每一天，這讓我變得快樂。）每當我發覺自己對某人某事有著負面看法時，我都會祝福並感謝他們。

接下來，我改變了處理悲傷的方式；現在，無論出於何種原因，當我感到悲傷時，我並沒有讓它脅迫我，而是尋求我的「緊急情況清單」（在第八章中將詳細介紹這清單），作出那些能夠讓我集中注意力的事，並停止我腦子中那瘋猴子的思緒，至終把注意力放回內在，以獲取平衡與平靜。

幾個月來，我每天、每一個醒著的時刻都這樣做，真的，我並沒有誇大其詞。

此外，我開始像鷹一般審視自己的身體；每當我感到身體繃緊、胃部緊縮、喉嚨發緊時，我就立即拿出我的「緊急情況清單」，藉呼吸作出紓解，而不單單只是忍受著待它過去。

慢慢地，我的觀點發生了變化，我的生命也發生了變化；雖然我在外在看來仍是同一個人，但在內裡，事情正在發生變化，

並令我感覺開心多了；恐懼開始逐漸解除，焦慮開始漸次減輕，我整體的人生觀得到了改善。

我的精力變得充沛了，我以不同的方式待人，並吸引了更多積極的人和經驗；人們對我友善了，我對別人也友善了；我變得更平易近人，也更願意與他人交往；宇宙的回應是給予我更多支持的朋友，與我並肩走在這場修行的旅程中。

我也參與了其他如我的平凡人，在她們的英雄旅程中，指導她們尋找內心的幸福。

當我知道「快樂配方」不僅對我有用，而且對我指導的人也有效用的時候；在幾十年人生中，我第一次真正感到幸福和平靜。

現在我知道我有能力讓自己快樂，無論身在何處、無論發生什麼，只要我願意，都能快樂和平靜。

這是我的「頓悟時刻」──我無法完全地告訴您，這對我帶來多大的釋放和啟迪！

當人們問我「快樂配方」到底是如何產生時，我就會回答：「快樂配方」就是藉由「痛苦的漩渦」誕生的。

因為我已經無計可施了，我已經無法再按照現狀麻木活下去，我感到有些事情是時候作出改變。

返家

現在，是時候回家，並作出犧牲與放下，我願意捨下一些東西──那些我需要改變的部分。

您可能會疑惑，那究竟是什麼呢？

我猜您已猜到──「開始，停止追逐」。我放下依賴外部的人、

事、物來讓自己開心。

有什麼變化？

我的幸福。

我的「女英雄之旅」終結時，讓我學會從內心找到滿足感，並深知一切都安好。

創造「快樂配方」的旅程是一次自我發現；這是關於從「內在」而不是「外在」，重新尋回生活的幸福與平靜。

我是自己故事中的女英雄，我不再讓任何人或任何事物偷走我的聚光燈；通過結合冥想與強烈的意志，我的生活過得更清醒也更有意義，我的生活充滿了喜悅與平靜；我可以誠實地說：我熱愛我的生命！

我每天都會使用我的「緊急情況清單」。

我不再追逐身外的某人某事來獲取幸福，取而代之的是，我使用「快樂配方」，並向內探索持久幸福的源頭。

那又是否意味著，從此以後我一直都會很開心？

那又不。

就像您們一樣，有些事情還是會令我惱火和不安；我的日子有起有落，畢竟，我依然是一個平凡的女人，過著平凡人的生活；所不同的是，我有我的「快樂配方」，並知道應該如何迅速從情緒低落之中，切換到讓快樂流動的方式。

普通人之書

《因病得福——開始，停止追逐》是一部寫給過著普通人生活，卻渴望尋找到持久幸福的普通人。

無論您屬於什麼宗教信仰，信仰誰或信仰什麼，或者即使您沒有信仰，也無關緊要；「快樂配方」不依附於任何教條、學說或成就。

無論您是有錢或是無錢都沒有關係，無論您在職場中努力向上爬，又或您安於現在所處的位置，這些都無關緊要；不管您的生活是平凡的，還是非凡的；您唯一需要的心態，就是渴望獲得持久的幸福與內心平靜。

這部書也有著實用指南的部分，可幫助您「一次一秒」地從痛苦轉化為平靜。

很簡單——三個步驟。

很容易——任何時候，您只需要從自己編造的情節中解脫開來。

變革性——這些技巧將幫助平息困擾您的事情，並讓您回歸內在智慧和力量的泉源。

《因病得福——開始，停止追逐》一書包括我在尋道旅程中所發現的各種工具；您將學習到如何使用「快樂配方」和「緊急情況清單」，幫助您從內而外感受到深邃的快樂，這樣您就可以不用靠追逐外在世界來尋找虛幻短暫的快樂。

若果我能做到，您也能做到——我們一起踏上這英雄之旅吧！

第三章

意識轉移 能量轉移

「痛苦會推進，直到願景牽引著你……」

——邁克爾‧貝克維斯（Michael Beckwith），美國作家

您感到很虛弱，並對虛弱和疲累感到厭煩嗎？

原來有很多人對虛弱和疲累不但不會厭煩，甚至喜歡成為劇本中虛弱的角色，並堅持做受指責或是受害者的角色，儘管他們從來都不會對己對人承認，他們其實喜歡扮演受害者的角色。

這就曾經發生在我自己的身上。

我曾陷於那份受害者的痛苦當中。

我沉溺於追求痛苦，直至我不再想扮演受害者的角色。

如果您仍在讀著此書，我相信您也是感到虛弱，並厭倦那個受害者的角色、那場戲、那些指責，以及感到自己是受害者而生的痛苦。

親愛的讀者，如果您有這份感覺，那就意味著您已經準備好接受轉移「意識」。

意識轉移

意識轉移究竟是什麼？

要翻譯意識這個字本身有著很大的難度，為了方便讀者對此書的理解，我嘗試這樣演繹；意識轉移就是指：因著「覺知」的轉變與提升，從而帶來自身行為更大的「覺察力」。

魯米（Rumi），一位 13 世紀的伊斯蘭教蘇菲派神秘主義詩人，對意識轉移作出了如此美麗的描述：

當我追求我想、我想要的
我的日子變成挫敗和焦慮的熔爐
如果我能安住在我的心靈

我需要的，會自然向我流淌

沒有任何的痛苦

從此，我明白到我需要的，它也需要我，它會來到尋找我、吸引我

當它不能吸引我，再去接近它的時候，它會來到尋找我

那裡面有一個很大的秘密

沒有多少人能夠真正掌握箇中的玄妙。

意識轉移之後會發生什麼？

首先，您會發覺您已放下曾經依附的野心和憤怒。您將會停止怪責別人，以及停止依賴別人作為您的快樂之源；您不再活在一種負面的心靈場，那裡充滿擔憂、懷疑、恐懼和限制，您反而會發現裡面有一處內在的休憩處。

您將會開始為自己的生命負上責任，為自己的感受負上責任，以及開始寬恕自己和別人。您會變得更友善和可愛，您會對別人有更多的關懷，觀察別人的時候亦願意放下那塊批判的鏡片，以及思想上的偏見。

結果呢？您會自然而然地離開那些放負或帶毒的人，以及丟下那些帶來破壞力量的習慣。那個「我是受害者」的劇本對您已經不再吸引，這些劇本不再餵食您，或在您心裡滋長壯大。

對您來說，跟別人比較和跟別人競爭，都不再具有任何意義。「支持」反過來代替「競爭」，現在您會明白，助人其實就是自助。

當您轉移到更高層次的覺知，您怎樣看待以及怎樣理解人

生，也會隨之而改變。

感恩和欣賞會成為您的標誌，會界定您是誰以及為何而活。您會看到自己和別人的好，您會欣賞您所擁有的一切，以及未來所有將要發生的事情。

您有了一個深層認知，知道我們所有人全部都是有著連結的，不但是在思想上有所認知，更加是在心坎裡深深感受到這份彼此間的連結。

這是真正的自由，是內在平安的自由。「上帝賦予的平安超乎我們的理解」。

提升您的振動頻率

對，我明白您所說，聽起來很好，但是現實一點吧！我們生活在現實世界中，提升振動頻率，究竟是什麼一回事？

我過往一直也有類似的質疑。

其實它一直在那裡。細心想想！現在我終於明白到：「意識轉移的鎖匙就是提升我們的振動頻率。」

萬物都有頻率

理論物理學家愛因斯坦清晰的說過：「宇宙中一切事物都有著振動頻率。」

宇宙的分子以不同的速度去振動，有些振動得快一點，有些慢一點，意思是有不同高低的振動頻率。

如果您的分子移動得較快，那麼您就是高頻地振動，您的能

量就輕盈一點，您就會感覺更快樂和更放鬆；您就擁有更大的個人能量、更清晰、更平安、更有愛和快樂。您的生命會隨著振動而流動，您能夠輕鬆地達至您的渴望。

當您的分子移動得較緩慢，您就會處於一個比較低的振動頻率，您的能量就比較緊密，您會感覺到凝重、灰暗和散漫；您對於自己的問題感到沉重，要達到您的目標需要花上更大的努力。

伊斯特‧希克斯（Esther Hicks）是亞伯拉罕‧希克斯的吸引力法則之代言人，她指出：「當您思想的時候，您會振動，當您振動，您會吸引⋯⋯。」

所以親愛的讀者，放鬆吧！意識轉移的重點，就是把您的振動，保持在高及輕盈的頻率當中。

快樂配方

在此，讓我為您介紹一種由我自己發展出來的技巧，就是意識轉移以及提升振動頻率。

我把它稱之為「快樂配方」，我希望您會把它視為個人的滅火器。它雖然簡單卻是非常具有力量的練習，它會很快把您從挫敗和焦慮的熔爐中，轉移回到平靜和平安的狀態。在下面的章節中，我將會解釋快樂配方是如何運作，我也會給您展示「緊急情況清單」以及協助您如何做一張專屬於您個人的「緊急情況清單」，並分享一些個人如何使用快樂配方的真實體驗。

您可以隨時使用「快樂配方」去「應急」。

在任何時刻，無論是您感到有點偏離中心，或是感到怒不可遏；無論您是經歷著怎樣程度的挫敗和焦慮，快樂配方將能夠「安住」您的心，以及為您保守內在的平安。

第四章

如何運用快樂配方

「當您察覺到非比尋常的事情在這裡發生，
那麼您生命裡面就沒有平凡的時刻了。」
——Mary O'Malley，愛爾蘭女詩人

一如您所知，我曾經是一個大半生孜孜不倦地追逐的人。

首先我不斷地討好我的父母親，年輕時又非常渴望能融入朋輩的圈子；隨著年紀越來越大，我的情況變得越來越糟糕。我追逐學位、地位象徵；我入讀理想的學校，嫁個理想的男人，在理想的社區購買一間可愛的房子，還有兩個非常棒的孩子，然而我仍然感到痛苦！

我花了差不多 40 年的時間去尋求快樂，但都在不對的地方裡尋找。

每天我醒來，都會為新的一天感到恐懼，並向上帝求助。我的喉嚨緊縮到一個程度，令我感到難以呼吸。即使正在跟家人一起度過滑雪假期，我也不能放鬆；我是一隻輪上的倉鼠，「超級操控狂」是我用來應對這種狀況的方法。

相信您也聽過「虎媽」這個名詞吧？這是一個出現在 Amy Chua 著作《虎媽的戰歌》裡面的名詞；「虎媽」常用來描繪某種育兒方式，那種普遍出現於亞洲母親的育兒方式：嚴格和要求多多。對！我就是這種虎媽。

我被稱之為操控狂，我曾經想控制每一個人和每一件事情。

當事情以螺旋方式在我生命中往下沉的時候，我以雙倍力量加以操控，我也雙倍地緊張，脾氣暴躁，並對我的同事和朋友表現出無禮和急躁；沒有一個人能夠符合我嚴格的標準，尤其是我自己；我身邊的人感到我很沒趣，我在生命裡亦找不到什麼樂趣。

然後到了 42 歲，我被診斷患了 Big C 癌症，並做了全面的子宮切除手術；我不是說，我的孜孜追求和嘗試操控直接導致我生癌，但我要說的是，這無疑是導致我患癌的主因。

子宮癌確實是我的警號，並促使我啟程，從一個超級操控狂、虎媽式教育的追求者，轉化成一個活在當下、回歸初心的女人。

快樂配方是什麼？

您還記得不倒翁嗎？那個由孩之寶於 1971 年推出的蛋形塑膠不倒翁玩具 Weeble？不倒翁有不同的形狀和尺寸大小，但是它們有一個共同特點，就是底部加有重量。當它們被踢倒或被打低，都能瞬間返回原來直立的姿勢。

我的兩個男孩在兒時都非常愛玩這種玩具，從不厭倦要找到最好的，同時，無論他們如何努力想去推倒它，不倒翁永遠都會反彈，並瞬間回到直立的位置。

不倒翁雖然搖搖晃晃，但它們永遠都不會倒下。這就是快樂配方能為您做到的，無論您遇上什麼打擊，快樂配方都能夠幫助您重新站起來。

跟其他練習互相補足

快樂配方其中一個優點是，它可以配合其他的自助練習一起使用，雖然它跟那些練習不同，但它不排斥任何其他的技巧。

例如，很多人把快樂配方對比拜倫·凱蒂（Byron Katie）的《一念之轉》；事實上，我是拜倫·凱蒂的崇拜者，當您需要去檢視自己思想和信念的真偽性時，我會很願意跟您分享她的方法和技巧。

我的快樂配方不是用來質疑您的思想或信念；反之，它是把

您從頭腦帶到身體；因為我們的頭腦只會集中於關注過去和未來，而不是現在；相比之下，我們的身體比較容易聚焦於當下。快樂配方的核心就是當下和當下所發生的一切。

不同於聚焦於我們頭腦裡的思想模式，快樂配方導引我們感知身體的感覺，就像不倒翁 Weeble，過程中能夠安住您的內心，以及幫助您回歸於初心。

我想，快樂配方有點像埃克哈特・托勒（Eckhart Tolle）主張的聚焦當下，以及「瑟多納釋放法」（Sedona Method），一套主張釋放感覺的方法，但是快樂配方不需要任何「分析」的工作，就可以自然地啟動。

我發覺若果一個人受到了傷害的時候，要他把注意力放在頭腦之上，以及他當下在想什麼，其實就有點像火上加油，結果，當然就是引來「嘭」的一聲大爆炸了！

快樂配方訓練我們，當感受到情緒的濃煙時，就快快去拿取及使用滅火器。透過此法，我們可以即時滅火，並作出冷靜、負責任的決定，而不是暴怒的情緒反應。

獵狗與兔

近年來，當賽狗的獵犬因為年紀太大，不再適宜出賽或用作交配時，往往會被「安樂死」。賽狗是一項很有組織性以及非常競爭的運動，就像賽馬，只是賽狗在賽道上要追逐的是電子兔。

很多人為這些退役賽狗感到難過，一群女士就在佛羅里達州組成了一個領養組織，她們唯一的目標就是為這些美麗的運動員尋找一個永久的家庭。莎莉是其中一位顧客，她一見到吉士就愛

上並領養了牠。

那天是感恩節，莎莉的爸爸來訪。晚飯後，他到後院探望吉士，充滿感情地擦牠的耳朵並問：「吉士，你怎麼了？」

「我的生命很好啊！我有一個大園子供我遊玩，一日兩餐，並有一個愛護我的主人。」

「那麼你有參加過比賽嗎，你贏過嗎？」

「有啊，我贏過五次。」

「真的！那麼你為什麼不再比賽呢？你太老了嗎？」

「不，我只是離開罷了。」

「你為什麼要離開啊？」

吉士靠近並低聲說：「我發覺那隻兔子不是真的啊！」

親愛的讀者，當您把快樂配方變作您的個人工具，就會發現您腦袋裡面的思想其實不是真的。

正如靈性大師詩麗‧詩麗‧若威‧香卡（Sri Sri Ravi Shanker）所說：「當您知道不是別人，而是您自己的頭腦在煩擾您，您的智慧就開啟了！」

第五章

第一步─看

「里奧，因為你曾經在那裡，你知道那條路止於
何處，我知道那裡不是你要去的目的地。」

──《22 世紀殺人網絡》（*The Matrix*）

相信大家都知道遇上糟糕的一天會是怎樣的光景。

還記得在《22 世紀殺人網絡》電影裡，當探員史密夫盤問里奧的那一幕嗎？他遇上了大麻煩。擁有雙重人生和角色，身兼著名軟件公司的程式設計師與電腦黑客的里奧，他在尋找摩菲士的秘密行動暴露之後，令他陷入了極大的危機。

里奧拒絕跟探員史密夫合作，然後他的嘴巴毛骨悚然地黏合起來，一隻機械蟲鑽進了他的身體，他遇上非常糟糕的一天！

下一次您再見到里奧的時候，他在阿當橋下邊等待。一部車衝過來，裡面載有 Trinity、Apoc 及 Switch。

Switch 打開車門並喝令：「上車。」

「發生了什麼事？」

「現在只有一條規矩：我們的路還是高速公路。」

里奧抓著車門的把手說：「好。」

Trinity 阻止他：「里奧，請求你，你一定要相信我。」

「為什麼？」

「里奧，因為你曾經在那裡，你知道那條路止於何處，我知道那裡不是你要去的目的地。」

里奧在他的十字路口，他停下來看看自己的處境，如果他離開汽車，沒有任何事會發生，如果他留在汽車裡，他將會有機會遇上更好的命運。

這是快樂配方的第一步：去看看新的處境。

我的故事

一如您所知，我大部分早上醒來的時候，都會感到焦慮，那

份焦慮也令我顯得虛弱。每一天，我並沒有誇大，我要向上帝請求幫助我醒來；工作時我的喉嚨感到梗塞，我的胸口感受到壓力，我的肌肉也很繃緊，這令我感到難以呼吸。

最糟糕的是，我不知道為何？問題背後是什麼原因！

因此，我的思想進入胡思亂想的狀態，經常去估算，為什麼會發生這樣的事情？我會在記憶中不斷尋找，尋找可以怪罪的人；思緒聚焦於不同的處境，可以讓我抱怨或是應該要為此負上責任的人。然而，這樣對我毫無幫助，我唯有透過購買更多的衣服、更多的美食及度過更多的假期，藉此來補償那些所面對糟糕的處境。

然後那次滑雪的假期，讓我終於發現究竟發生了什麼事，最後，我發現唯一可以幫助我的，原來不是來自外在的世界，答案其實早在我裡面。

現在，我知道身體裡面為何會出現那些負面的「東西」。我知道對我來說是很合乎科學，也同樣會發生在每個人的人生裡面。我們的身體感受經歷，然後會透過退縮來作出反應。接著，我們的心智會努力在意識中去尋找應對辦法，那個儲藏了念頭和記憶的地方，然而都沒有發現解決辦法，至終唯有去搜尋我們的潛意識，那個儲存了大量過往的經歷及埋藏了無盡祖先基因記憶的地方。

當我們的身體出現那些負面的「東西」，我們的身體就開始反應，然後心智亦開始去尋找。

因為身體的感覺反映當下的狀況，而心智卻常游走於過去，隱隱牽引起過去的經歷與回憶。

所以，當跟過往類似的事情發生了，我們的心智會自動化

地，去花一些時間，在意識（近）和潛意識（遠）的過去中翻箱倒篋。這樣的運作機制，是為了讓當下的自己，去想一想對牽動了情緒的事情應該作如何反應。

那麼，是什麼出了問題呢？

這是一個非常重要的問題。

親愛的讀者，請繼續跟我一起去看看以下的答案。當我們的心智開始從過去的經驗去理解，為何自己的身體會出現緊縮，我們就是正在去潛意識搜索一個類近的經驗。

當下這件事情呈現或眾多相關的事情呈現，它就是給當下的自己一個訊息，正在發生的事情其實是重複過往眾多不愉快經驗的其中一個。

等等。什麼？彷彿跟泥漿一樣清晰吧？

那讓我們從另一個角度去看看吧。

您看，當我們的身體感到不舒服（有輕微的緊縮），我們的腦袋會花一點時間去尋找過去一些引起不舒服的類似事情。

然後我們就會瞎編一個故事出來，「理性化」正在發生在我們身體裡面的狀況。

換句話來說，我們從過去已發生的，去推算當下及預測未來。

嘩！

墮進迴環往返的怪圈

記得一部在 1993 年上演，由標梅利主演的電影《偷天情緣》

（*Groundhog Day*）嗎？

他飾演一個性格尖酸刻薄的氣象播報員菲爾，墮進了一個時間循環，每天都被迫重複過著同一天，每天醒來都活在 2 月 2 日。

《偷天情緣》已成了流行文化的里程碑，經常被借用來比喻那些墨守成規和重複同一套生活模式的人。

對，正如在 Rita May Brown 的小說《猝死》裡，角色 Jane Fulton 所說的：「瘋狂是每天做著重複又重複的事情，但是卻期待會有不同的結果。」

無論是不斷糾纏著的爭論、在同一件事上令人生厭疲憊的牢騷，或是永遠得不到解決的指責，這一切都是迴環往返的怪圈。

當我們的腦袋不斷地在迴環往返，那就是出了問題。正如理論物理學家愛因斯坦所言：「沒有一個由同一個意識層次引起的問題，是可以得到解決的。」

所以當您的腦袋創造了一個如《偷天情緣》那樣過去的問題，不要期望您同樣的腦袋就可以解決今天的問題。

正如汽車大亨亨利‧福特（Henry Ford）告訴他的員工：「如果你繼續做你一直在做的事情，你就只繼續得到你一直得到的東西。」

如果您想繼續墨守成規，那麼您就繼續保持同樣的思維方式吧。

如果您想有更好的命運，那麼您就跟隨里奧所做的：去看看新的處境吧。

身體是我們的朋友

當我們看清自己的處境，然後我們可以合上眼，慢慢進行自我的身體探索，掃描和感受身體內的不同空間。

不需要作出任何評斷，感覺在當下就可以了。掃描位於心臟的部分，位於肚臍的部分，位於喉嚨的部分，掃描一下頭部，看看有沒有潛藏著任何的繃緊。

現在，將注意力轉移到您覺得有緊縮的部分；看看它、感受它。把緊縮的能量，透過呼吸釋放出來，透過您的循環系統逐漸讓它消散。

然後再來一個深呼吸，重新再做一次掃描及釋放。

盡量以深而長的呼吸把繃緊與緊縮釋放出來。

透過釋放緊縮和儲藏的能量而帶出深層情緒，是很自然的一件事。無論是哭泣、哽咽、叫喊、呻吟或感嘆，任何浮現出來的情緒都是自然的，都是可以接納的。

就讓我們的情緒浮現就好了。

不需要評斷，臨在當下就可以了。

只有釋放阻塞著的能量，才可以讓鮮活的能量自由流通我們的身體。

身體是我們的朋友，只有我們自己才可以讓阻塞的能量釋放出來。

在瑪西‧許莫芙（Marci Shimoff）的著作《七個由內而生的快樂法則》（*Happy For No Reason*）當中，她解釋了兩種的感受：緊縮與放鬆。

當我們感受到正面的情緒，如快樂、喜悅及熱情，我們的身

體會感到在擴張與放鬆；當我們感到負面的感覺，如憤怒、妒忌及痛苦，我們的身體會感到繃緊與收縮。

您越多練習向「內」看，學習感受緊縮能量的地方，您對這些緊縮的部分會越來越敏銳。您越懂得把呼吸集中釋放這些緊縮的部分，您就越會感覺到輕鬆。

心智和身體的連結

心智和身體並不是兩個分開的實體，雖然它們經常被誤以為是兩者獨立運作。其實，我們怎樣思考與我們如何感受，這兩者其實是互為影響和彼此互動的。

有否留意到當您感到快樂的時候，您有更多的能力去辦事？而當您感到悲傷的時候，或許您唯一想做的事，就是整天都躺在床上。

我們的身體和心智猶如兩條連接的河流。在我們身體裡面的經驗，其實跟我們的心智如何去演繹那個經驗，是有著莫大關連的。

反之，我們的心智也可以影響我們身體如何去經驗或身體如何去反應。

正如作家邁克‧杜利（Mike Dooley）所說：「信念創造實相。」

若果您正在思考的事情令您感到憤怒，您的身體就會把這份憤怒反映出來，並形成一股緊縮的能量。相反，若果您正在思想的事情為您帶來快樂，您的身體就會以放鬆和擴張來回應。

心智影響身體，同樣身體也影響心智，它們互為影響。

釋放及肯定

　　最後就是釋放困在身體裡面的負能量，並肯定您想創造的事情。釋放和肯定是我最喜歡的步驟。我開始明白我越釋放緊縮和沉滯的能量，我看到的世界就有莫大的分別。我不再用同一個方式去看待所謂的問題，我不再把人視為帶有對抗性與敵意。

　　當某些狀況出現時（現在我時不時也會出現狀況），我會向「快樂配方」尋求幫助，讓我去看、去感受、去流動、去釋放。這是我突破以前習慣性陷入迴環糾結怪圈的方法，也是我把自己代入更佳狀態的方法。意識轉移，並提升自己的振動頻率，到一個更輕盈、更清晰的狀態。

　　正如約翰·納殊（Johnny Nash）帶著感情去唱《現在我能看清楚》（*I Can See Clearly Now*）：

　　現在我能看清楚，雨已經停了
　　我能夠看到擋著我前路的障礙
　　令我失去視野的黑雲已走了
　　也將會是一個晴朗、明朗、明亮的陽光燦爛日子。

　　以下是我一些喜愛的自我肯定語：
　　「我釋放所有的負能量並歡迎和平進入我的生命。」
　　「我正在釋放那些對我生命不重要的東西，並發揮最高的潛能。」
　　「我把負能量變成愛與光。」
　　我無限歡迎您們使用這些或是適合您們的個人自我肯定語句。

現在您也可以擁有清晰的視野。

有用貼士

如果您看到狀況，但仍然難以從您的「劇情」中解脫出來，以下是一些能夠幫助您獲得新視野或新角度的技巧：叫「停」。

想像您現正坐在戲院裡面，看一套非常棒的電影；您非常投入劇情中，因而令您迷失在裡面。

我知道那是什麼感覺，因為此狀況經常發生在我身上。

您與演員變成了同一人。他們的身體繃緊，您的身體也繃緊；他們的心嘭嘭嘭的跳動，您的心也是嘭嘭嘭的跳；他們說再見的時候，眼中噙滿淚光，您也是。

停！

現在把您自己移回到電影院的座位，您不再是戲劇裡面的角色，您不再活在戲劇情節裡面。

您只是在觀看電影，就像電影導演那樣。導演坐在導演椅上，是為了獲得不同的角度和客觀性，這也是您想要做到的。

所以，下一次當您被戲劇情節抓緊，無法從處境中掙開那些情緒的時候，您就要叫「停」。就好像您正拿著那塊「場記板」，大叫一聲 Cut 一樣。

突然叫「停」，然後拍那個「場記板」，來終結那些「戲劇劇情」，這程序可以按著您的需要多做幾次，我知道聽來或許感覺有點奇怪，但它又確實有效！

這樣做，既可以叫停那一幕，並容許您身處導演的位置，亦讓您能夠從那些劇情中退後一步，並離開那些纏繞您的劇情，然

後您才可以冷靜觀察在您身體裡面的感覺。

「當您活在當下，您可以打斷纏繞您的故事情節，無論是過去或未來的。然後，真正的智慧以及愛就會重現。」——埃克哈特·托利（Eckhart Tolle），加拿大靈性導師

小提示——第一步

此書原意是想讀者讀完整本書才使用快樂配方的。然而，您也可以利用以下每個章節的小提示，來作為一個快速參考指引。

察覺

離開您的頭腦並進入您的身體

感受任何當下浮現出來的事件或感覺

把負面能量排出

釋放並自我肯定

第六章

第二步——停止及靜止

「當你與內心的寧靜失去聯繫時，
你也就失去與自己的聯繫。
當你與自己失去聯繫時，
你就會在這個世界上迷失自我。」

——埃克哈特‧托利（Eckhart Tolle），加拿大靈性導師

湯姆・克羅寧（Tom Cronin）的世界正在分崩離析。

他是如此不知所措，如此焦慮，以至於他甚至無法離開自己的家。他的身體、精神和情感都在崩潰，他真的無法運作！

他不再能夠處理他成長的文化帶給他的壓力，那個把「成功」定義為不斷有所追求的文化，就是要有更多的錢、更大的權力、更奢華。

2013 年，他創立了一個「靜止的計劃」（The Stillness Project）。

湯姆・克羅寧的故事

「1987 年，我找到一份經紀的工作，為投資銀行買賣債券；因為那是份超級爭分奪秒的工作，腎上腺素亦隨之而飆升，當時我賺錢賺到盤滿缽滿。

由於壓力和非常糟糕的生活方式，我經歷了極度恐慌和抑鬱；每天我的頭頂上都籠罩著一層厚厚的烏雲；我對一切都失去了興趣，覺得自己被生活淘汰了！

在這過程中，我發現了東方哲學和冥想；我生命中需要尋找的，原來就在這個寧靜之地當中找得到。

很快地，焦慮和抑鬱飄走了。

我感受到一份輕盈、平靜和喜悅。

現在，我周遊世界，教人們如何開啟自己的才華，透過冥想釋放自己的內在寧靜。

靜止是強大的。

它不僅可以減輕壓力，還可以培養和平，平復情緒，並由內

而外，令您感到安穩平和；正如老子所說：『寂靜之中，宇宙之錨就安住於自己之內。』

在我那『頓悟時刻』出現之前，我的生活只是一連串無休止的糟糕日子；我不止一次懷疑，我出了什麼嚴重的問題嗎？

我所過的生活和我所走的路，讓我不斷追求生活中錯誤的東西。我追得越多，我就越渴望要追；我的生活變成了無休止、不知把我帶往何處的瘋狂追求循環。」

那麼，您的故事是什麼？

您在自己的身上看到一點像我的地方嗎？或許，您的生活亦有點像湯姆·克羅寧那樣，周邊都正在崩潰。

花點時間想想您的生活和您現在所處的境況，您是怎麼來到這裡？您的身體正在經歷什麼？

在您考慮好以後，花點時間寫下您的故事；您可以取出您的日記簿，或者把以上提到的點滴寫為此書的扉頁上。

接下來，問自己這個根本的問題：「您作出了準備去改變嗎？」

我的故事

如果您在我的「頓悟時刻」之前問我這個問題，我會說：「不，我很好，我會去想辦法。我將會去做得更多！」

而在我的「頓悟時刻」之後，我的答案是一個響亮的「好！」我的生命取決於它。

然而，親愛的讀者，我必須告訴您，雖然我知道我需要改變，但這並不是一夜之間發生的。實際上，這對我來說是一個

「嬰兒學步」的漫長旅程。

在最緊張焦慮的情況下——當我處於極度無助、腦海處於混沌狀態時，我會停下來並告訴自己：「就專注於這一秒，Elaine，除了這一秒，不要專注於其他任何事情。」

然後我會感覺到它——那個內心平靜的地方；有一秒鐘，我知道我沒事，我感覺是安全的；我有一份被「安住」了的感覺，猶如巨浪中的船，被船錨安頓了的感覺；如果我能安撫自己並保持一秒鐘的內在寧靜，那麼我也可以持續 5 秒，然後是 15 秒，終於，60 秒也可以！

有那麼一分鐘，我感到我從生命中經常消耗我的痛苦中解脫出來——

那種因為感覺「自己不夠好」的痛苦，並隨之而來的自我催迫——我要追逐更多、更多。

我意識到，最初我為了獲得、為了感受那「一秒鐘的靜止」，我看起來是多麼的筋疲力竭；然而，對我來說，那已是一件不易為之的大事情。因為，我花了挺長的時間，才終於「明白」擺脫痛苦的秘密，不是透過聚焦於「外」，並尋找可以做得更多更好的方法；而是停止一切我正在做的事情，並專注於「內」在，專注於內心的寂靜。

湯姆·克羅寧在身體上、精神上和情感上都崩潰了。

而我每天早上起床都要向上帝求助。

那您呢？

若果您的思緒不停地起伏，您的情緒無情地翻騰，那麼，一秒鐘的平靜，大概也足以讓人感到如久旱逢甘露吧？

那一分鐘呢？

一天又怎樣？

那種解脫實在難以形容！

若果您感覺您的生命如脫韁野馬正在失控，您已經到了韁繩的盡頭，那麼我會問您這個基本問題：「您準備好作出改變嗎？」

停止

湯姆·克羅寧意識到他一生中一直在追尋的一切，其實就是這「靜止之境」；我想通了，您必須得停下來；在進入內在，體驗寧靜之境之前，您必須學會如何停止您正在做的一切事情。

在上一章中，您通過想像自己在電影院的座位上看電影，而不是置身於電影情節裡頭，學會如何抽離於戲劇，並擺脫電影的戲劇性；學習以導演的旁觀者角度，坐下來，讓自己獲得更全面的視野。

那您將如何停下來？

您可以想像一種形象化又有趣的方式：您在遊樂場滑梯最頂看著自己，輪到您了——嗬！

但是，不要滑到底部，而是用手抓緊旁邊並停止您的滑動，在中途以身體的力量「停止」自己滑下去。

停止。

現在，您已準備好向內在探索，並體驗靜止的力量。

靜止

一旦您的身體停止了，現在是時候把您的注意力也從周邊發

生的事情上移離，並停止分析問題。不要再試圖提出解決方案或預測將要發生的事情。

「臣服」於您的感受。

離開您的頭腦。

安靜您的身體。

找一個安靜的地方，讓您可以安靜地坐著。這地方可以是公園的長椅、在公司關上門的辦公室，或者在家裡神聖的空間；在哪裡都沒有關係，您只需要一個可以讓您的身體安靜下來，並讓您的思想保持平靜的地方。

接下來，將您的注意力集中在內心平靜之境，就像一片寧靜、盛載著水的地方，在那裡您可以毫不費力地漂浮。一個獨處的地方，一個和平的地方。

在那裡您會找到寧靜 —— 您的思想已經臣服於靈魂的平靜；在那裡您什麼都感覺不到，同時，您又能感知一切。拜倫·凱蒂（Byron Katie）說過：「我所擁有的，就是我所需要的，而我所需要的，就是此刻我所擁有的『當下』。」

您感覺到並體驗到安靜。您是和平的，而且是和平的本身，感覺如同喜悅、舒暢和真正的幸福；言語無法充份描述這心靈的位置，因為您不再在自己腦海中，您已安住在靈魂的寶座上。

起初，您可能只能到達那裡並體驗一秒鐘的寧靜，這已是非常好，因為您確實已努力去停下來並保持靜止。然後，像我一樣，如果您能做到一秒鐘，您就能做到 5 秒鐘甚至更長的時間！

當您在這個寂靜的心靈空間休息時，一些想法或者念頭開始冒出來並引起您的注意力，這也是完全自然的，沒關係。只是觀

察出現的念頭並看到它們流過就可以了，彷彿您是廣闊的天空，觀察到掠過的雲彩、看到自己的念頭是很自然的，但不需要抓住它們、不要思考它們。反之，只要看著它們經過，就像您在開車時看到路標經過而沒有在意它們，那就對了。

感受您內心深處的遼闊。感受它是多麼的平靜，以及它如何「把您錨定在自己的宇宙之中」。這就是直覺所在的地方；洞察力在哪裡，答案也在哪裡。

在這裡，在這種寂靜狀態中，您會接觸到自己的內在並與之協調。

從這個地方，正確的行動湧現。這種簡單的停止和保持靜止的行為，將您轉變為更高的意識狀態，並提高您的振動頻率。

「所有變化的基礎，都是通過個人對靜止的體驗。」—— 湯姆 · 克羅寧（Tom Cronin）

小提示

放下您手上的事情

放下頭腦，把注意力放在身體。

讓思緒來來去去

在靜止當中安頓下來

第七章

第三步—轉移

「當你改變你的意識時，亦隨之而改變了你的現實。」

——賽義德・沙魯克（Syed Sharukh），印度靈性作家

中國古語有云：「當改變的巨風湧動時，一些人築造高牆，亦有些人建造風車。」

風車象徵為「快樂配方」的最後一個步驟，實在是絕妙的比喻。

當您看到風車時，您其實看到了什麼？

當然，您會看到風車槳葉的轉動，您明白正是這個轉動令風能轉化為電能，並可用於研磨穀物和灌溉。

您不禁羨慕起風車這巨大的轉化力量！

就像風車將風能轉化為電能一樣，意識轉移具有轉化的力量，將您當前的狀況，轉化為更高層次的振動頻率。

意識的轉變能為您做什麼？

在美洲原住民傳統中，「薩滿藥輪」（Medicine Wheel）有四個精神守護者：鷹、水牛、熊和老鼠。

鷹代表智慧，作為圖騰動物之一，鷹代表著看得更高、能洞悉更廣泛真理的能力，擁有一份人類難以從地球上看到的角度與透視力。

水牛象徵著與地球的牢固聯繫。

熊代表著孤身反思的重要。

作為圖騰，老鼠代表著對細節的高度覺察，以及採取微小卻又持久行動之重要。

當您轉移意識並提高振動頻率時，您將使用四種「薩滿藥輪」的精神守護者所賦予我們的智慧。

鷹幫助您透視當前的處境。

水牛讓您腳踏實地，提升當下的臨在感。

熊重視內在的反思時刻。

鼠幫助您在前進時，採取微小而持久的行動。

隨著您的意識轉移，您會留意到一些能回應您當前處境的嶄新解決方案，那是您先前從未有想過的。

然後，您就會知道要採取什麼行動，或不採取什麼行動；您亦懂得從鷹的角度來看事情，作出更好的選擇。

體驗更高的振動頻率

三種能給您更高振動體驗的情緒狀態，它們是：

・成為愛

・表達感謝和讚賞

・寬恕之舉

愛是最珍貴的情感狀態，是最高的振動頻率之一，並具有治癒和消解負面情緒的能力。

表達感激和欣賞的感覺真好，彷彿一千個歡樂、沸騰的泡沫，在精神上、身體上和情感上湧進您的意識系統。

當您練習寬恕時，就是在釋放過去；使用「心智轉化」來驅散過去的痛苦、悲傷和負擔，恢復內心的平靜。

成為愛——您將如何改變意識

您可以隨時隨地成為愛，美國心靈大師拉姆・達斯（Ram Dass）分享了他的經驗：

「1969 年，我在紐約市正進行一系列講座，每天晚上我坐公

交車往第三大道，我總遇上同一位非一般的巴士司機。

這是世界其中一個最繁忙城市的繁忙時間，但他仍能對每個上車的乘客都表示出關懷的能量，說一聲：『晚安！』

他駕駛巴士時就像在河裡划船一樣，在車流中順勢穿梭，而不是逆流而上。

那天晚上被這司機載過的人，在當天晚上踢狗，或對狗表示惡意的可能性大概都會大大減少吧！」

為何？只因這司機創造了充滿愛的空間，當時他看來沒做過什麼，然而只因為他用愛去做這件事，一切就變得不一樣。

他不是治療師或偉大的精神導師，他只是成為愛的源頭。

成為愛本身最不尋常的，是它可以用各種無條件的方式表達出來。

「愛是恆久忍耐，又有恩慈；愛是不嫉妒；愛是不自誇；不張狂；不作害羞的事；不求自己的益處；不輕易發怒；不計算人的惡；不喜歡不義，只喜歡真理；凡事包容；凡事相信；凡事盼望；凡事忍耐。愛是永不止息。」——《哥林多前書》13 章 4 節

成為愛，是一種從緊縮狀態轉變為擴張狀態的體驗。

您的能量從感覺被困，到感覺自由流動。

如何成為愛？

「好吧，這一切都很好，但你究竟是怎麼做到的？」

好問題！讓我們回顧一下，您到目前為止所知道的：

第一步：您知道如何「覺察」情況。

第二步：從「自己思想中創造的戲劇或情節」中抽離出來，

您學會了如何「寧靜」下來，並在身體裡邊緊縮的地方，帶著覺察去呼吸和紓解。

現在您的頭腦平靜了，您的身體放鬆了，您已經準備好成為愛，就是這樣開始：

花點時間想想一些您能無條件地去愛的人，那些您沒有帶著期望、希望或願望去愛的人，就像新生嬰兒或者心愛的祖父母。

當您想到心愛的對象時，那也可能是您的動物伴侶、令您心中充滿喜悅的家庭寵物，甚至是您的一匹寵物馬？

但是，若然您覺得這個練習有點挑戰性，那沒關係；我們大多數人對所愛的都有一份複雜的關係，若然這對您來說是問題，那麼試試在自然界中尋找靈感：特別是令人驚嘆的日出、盛開的櫻花樹，或者平靜的湖，一個反射出日落璀璨色彩的湖面。

在各個方面，您關愛的對象是誰或是什麼並不重要，最重要的是感覺到一種向內擴張的感覺。

我的朋友 Namiko 是森林浴的愛好者：「我喜歡森林的聲音，森林的香味，以及陽光與它們共舞的方式；呼吸新鮮、乾淨的空氣常常都能讓我從內而外擴張。」

但是若果您被困在辦公室裡邊呢？那您可以做些什麼？

我的靈性教練夥伴 Sun Jung 想出了一個很好的解決辦法：「我坐下來靜觀於我有多珍愛生命，我知道這聽起來有點瘋狂，但是當我靜觀於我對生命的熱愛時，我的心就會擴張！」

過了一會兒，身邊環境的紛紛擾擾都變得無關緊要，我發覺自己處於一個美妙的地方——心靈的擴張。

森林浴是 Namiko 的首選，Sun Jung 則喜愛靜觀於自己是如何熱愛生命。

那您呢？是誰或是什麼能夠使您的心靈擴張？

當談到意識轉移時，我的經驗讓我知道——成為愛和表達感激（接下來會詳細介紹）是最為容易開始的，最困難的是那些需要寬恕的處境。

成為愛＝心靈擴張

「現在，信念、希望和愛仍然是最重要的，而其中最偉大的就是愛。」

感受感恩和欣賞——您將如何攀登振動階梯

您讀過以色列著名作家 Yaël Eylat-Tanaka 的《價值之書》(*The Book of Values: An Inspirational Guide to Our Moral Dilemmas*) 嗎？這本獨特的書探討了 140 種不同的價值，邀請我們反思和思考，這是其中關於感恩的一篇：

「我和我的兒子進行了一次談話，我問他是否快樂。他毫不猶豫就回答說：『我非常快樂，當我想做的時候，我可以自由地做我想做的；我的生活很好。』

我認真思考了這個答案，對他的『自由感』也感到有點羨慕。

相比之下，我並不感到自由；我感到被各種『東西』：責任、工作，以及有限的財力……壓得喘不過氣來；所以，我向幾個朋友提出了這個問題：什麼是快樂？

答案瞬間而真實地出現了：幸福是接受自己所擁有的東西之狀態，並心存感激。

感謝玫瑰和它的刺，多麼深刻，生活中的困難與成功，跟回報其實一樣寶貴；沒有困難和爭議，我們將如何考驗自己的勇

氣？我們將如何進行判斷？我們將如何作出選擇？

的確，我有很多值得感激的事情，一旦我開始專注於所感激的事情，從小到大，我確實感到快樂、幸福、幸運和自豪。」

感恩是很有力量的！

這是一種以心靈為中心的方法，可以讓自己和所擁有的一切保持和平共處。

正如加拿大靈性作家埃克哈特・托爾（Eckhart Tolle）所說：「生命的維度，通過對當下感到感恩而被打開和提升。」當您練習感恩時，就會記起更多值得感恩的事物；然後，這就會提升您的振動階梯。

如何表達感激和欣賞

今年，達賴喇嘛滿 85 歲了，為了紀念他的生日和傑出貢獻，世界各地藏人都慶祝在 2021 年 6 月 30 日完結的「感恩年」；這樣向西藏精神領袖致敬真是絕妙！達賴喇嘛對欣賞和感恩有話要說：「一切善的根源都埋在欣賞善的土壤中。」

「當您練習感恩時，就會衍生一種對他人的尊重。」

總有一些值得感恩的事情，請看看這些建議：

花點時間，嘗試列出您欣賞和感恩的每個人和每件事；或大或小，深奧或淺白，都無所謂。

為了激發您的靈感，這裡我先列出一些我個人的欣賞和感恩例子：

• 在我的生命旅程中沿途支持我的上帝、精神導師、天使和給予我指導的祖先。

- 我親愛的丈夫和我的兩個好兒子。
- 我的堂家姐 Charis，她每天寫三件令她感激的事，而我跟著她如此做；我們一起努力保持著高階振動頻率！
- 我舒適的家。
- 我的工作以及與我共事既善良又有愛心的人們。
- 當我與丈夫在上班的路上，步行到碼頭趕搭渡輪時，早晨是多麼陽光明媚。
- 擁有金錢並可以用來享受一切美好的事物。
- 有時我錯過了公共汽車，然後步行回家，欣賞到水面上的滿月。
- 我姐姐總是非常支持我。
- 我的朋友們總是支持我，給我的生活帶來快樂。

現在輪到您了，打開您的日記並在新的頁面上，開始您的列表，或在此處記下它們吧。

一旦開始，就很難停下來，是嗎？

這就是為什麼表達感激和欣賞如此強大的原因，它讓您快樂！

就像成為愛一樣，您對誰或什麼感到欣賞和感激並不重要。

表示讚賞，這完全是一種感覺——幸福的感覺。

成為愛＋表達感激和欣賞＝幸福。

每天練習表達感恩和欣賞，會加倍地提高您的振動頻率。

如果我對任何事情都不感恩，會發生什麼？

是的，有時的確也會如此。

這也曾發生在我身上。

所以，即使感覺您的世界在您周圍崩潰時，仍不忘說聲「謝謝」，或者嘗試做我的心靈教練 Debra Poneman 所做的：在一天中任何時間停下來，嘗試為任何事情表達感恩。

當我找不到任何值得感恩的東西時，我肯定宇宙正在為我籌劃著更大的善意；讓我知道無論世界看起來多麼可怕，我都是滿心知足，我現在的處境，已經有足夠的內在智慧讓我處理自己的難題。

在我遇上艱難時刻，我常用「謝謝」作為我心靈解脫的頌讚咒。謝謝這課堂，謝謝這課題；宇宙照顧我，對我很好，謝謝這一切。

我的生活中有愛，我愛我的生活，謝謝。

就像這樣，然後，您的思維就會習慣從積極的一面看事物。

一直說「謝謝」，直到您在振動的階梯上攀得更夠高。

您感到自己的心靈在擴張，感激和欣賞的表達，很容易從您身上流淌出來。

從那裡開始，這是成為愛的直接方式。

接下來您知道的，是時候要去祝福大家！

寬恕行為——您將如何震撼您的世界

1981 年 5 月 13 日，不可思議的事情發生了。在數以千計的群眾面前，在羅馬的聖彼得廣場，教宗若望保祿二世被槍擊。

難以想像，這事會發生在教會歷史上最受人愛戴和最受歡迎的教宗之一身上。

四聲槍響中，兩槍令教宗身受重傷，人群中也有兩人受傷。

教宗總共花了 5 個小時動手術，以及往後多個月時間才能康復過來。

槍擊教宗的那個人才 23 歲，來自土耳其，是一個激進的恐怖組織成員。

教宗身體剛剛好起來的時候，他就立刻探訪了他的行刺者；在去醫院的途中，他已決定原諒這個年輕人，並於 1981 年 5 月 17 日公開這樣做。

教宗出院後，他仍經常前往獄中探望那個年輕人。

多麼鼓舞人心的寬恕行為！

原諒某人，無論是您自己還是他人，都意味著「戲劇」已經結束，您已經告別那些令您的思緒和情緒翻騰的痛苦和噩夢；正如美國小說家安妮・拉莫特（Anne Lamott）在《計劃 B》（*Plan B: Further Thoughts on Faith*）一書中所言：

「寬恕意味著你的反擊最終變得不重要了，你完成了；它並不一定意味著你想與此人共進午餐，但是如果你堅持繼續反擊，你將會繼續被困於噩夢中。」

寬恕會釋放過去的傷害並帶來和平。

「不原諒別人就像自己喝了老鼠藥，然後等待老鼠中毒身亡。」安妮・拉莫特於另一部作品《旅行的慈悲》（*Traveling Mercies: Some Thoughts on Faith*）中如是說。

成為愛＋表達感激和欣賞＋寬恕＝和平

然而，寬恕不僅僅是口頭上說一句「原諒你對不起」的行為；我所說的寬恕，是當您能夠放手的時候──真的，不是因

為您應該，而是因為您想；因為平靜比守著「不放過傷害我的人」更為重要。

真正放手意味著看清情況的本質，而不將其標記為「好」或「壞」。

再沒有責備，再沒有羞恥。

已經發生的事情就是已經發生了。

完了、完成了的、完畢。

根據我的經驗，即使您知道寬恕的行為會讓您受益，但其實也真的不容易一下子就真正能夠寬恕別人；然而，通過表達感激和欣賞作為起始，真正的意識轉化會來得容易多了。

「謝謝這課題給我的教訓，謝謝你把它們帶給我，安心就讓它成為過去吧！」

「我一個人無法讓社會變得更好，但我可以從根本上改變我自己的意識，推翻限制我潛力的條件；當你改變你的意識時，你就改變了你的現實。」── 美國科幻電影《未來殺姬》（*Anon*）

小提示

成為愛！

表達感謝和欣賞

表達寬恕

緊急情況清單

第八章

您的緊急情況清單

「每次你嘗試以老舊的方式回應問題時，
你可以問問自己，
你想成為『過去的囚徒』，
還是『未來的先驅』。」

——迪帕克・喬普拉（Deepak Chopra），暢銷作家、靈性上師

當負面情緒升溫時，幾乎是不可能立即轉化成為「愛」的能量，或表達感謝和欣賞，更不容易寬恕吧！

這個我知道。

我嘗試過一套叫「假裝直到你能成功地以假修真」的方法，例如，我在臉上假裝掛著微笑並說：「我很好！」（當然事實不是），並假裝自己很正向、很積極，但其實我想做的，是想藉尖叫來發洩壓抑著的情緒。

然而，我的假裝騙不了任何人，我內心其實感到挫敗和受創。

正是基於此，我想出了一個我個人化的「緊急情況清單」。

這是我的「秘密武器」，它也可以成為您的。

何時使用您的「緊急情況清單」

何時最適合使用？就是每當您的「情緒之家」著火時！試想想：若果您看到家中的窗簾著火了，您最先會做什麼？您會坐下來思考，猜想它是如何發生？抑或是，您會盡快作出行動？

當然是迅速行動起來吧！

您會即時衝向滅火器，拉動栓子，噴嘴對準，然後擠壓手柄以噴射滅火劑，對嗎？

猶如您的「緊急情況清單」背後的作用一樣。

同樣，當您的「情緒之家」著火時，負面情緒正在升溫，而您再也不願意成為「過去的囚徒」，這時，您要做的，就是運用您的「緊急情況清單」，用它來熄滅情緒的火焰。

這是您可以扭轉局面，並將您的能量轉化為更高振動頻率的契機。

我的故事

過去，每當我感到憤怒、沮喪或是悲傷時，我都會將其升級為一場情緒的危機，並希望尋求丈夫的幫助，希望他能令事情變得好一點。

那些時候我沒有考慮丈夫的處境或當時他可能仍在工作中，我有理無理就立刻打電話給他！

我不敢相信我過去經常這樣做！

而他又能怎樣幫到我呢？

他不能即時衝到我的辦公室，並讓一切都變好起來。哎呀！他甚至大部分時間都未能接聽電話，畢竟，他還有自己的工作要做；況且，若果我打電話給他，發洩我一天裡頭的不如意事和剛剛發生的負面事情，那只會徒然令他不安。

跟他傾訴只是不切實際的期望！

所以，我當時努力思考，如何停止仰賴他人，並靠自己來解決問題；我的「緊急情況清單」就是用來把我從熾烈的混亂情緒中釋放出來的方法。

而且它非常有力量，的而且確是！

緊急情況清單

將您的「緊急情況清單」視為個人的滅火器，把任何負面情緒視為火災前預警的煙霧。

當您想以老舊的方式作出反應時，請使用您的「緊急情況清單」；當您覺得自己陷入消極的泥沼時，拿出您的滅火器；什麼

時候您需要紓緩，您的「緊急情況清單」就在那裡隨時為您候命。

「緊急情況清單」的目的，是幫助您擺脫令您懊惱的思緒，以及在您腦裡不斷重複出現的故事情節。

「清單」上有多少項目並不重要，重要的是當中的內容，可以助您擺脫縈繞腦中的思緒，以及不斷重複的故事，那麼您才可以專注於當下。

我把自己的「緊急情況清單」放在唾手可得的地方，以方便我任何時間都可以手到拿來。

它曾經存放於我的電腦屏幕最當眼之處，亦曾經作為手機上的圖像，然而在會議中途拿出手機有時會感覺太顯眼，所以我會打印出一個副本，把它藏在錢包裡；現在，我的「緊急情況清單」更方便，已存放在我的腦海中。

這份「清單」就是引領我認識「快樂配方」的契機。

我丈夫稱它為我的「情緒急救包」；我稱它為我的「止痛特效藥」，因為它足以一瞬間消除我內心的疼痛，這樣我就可以脫離那份因強烈情緒帶來的焦慮，並啟動我走向更高的「振動階梯」。

當「壞事發生在好人身上」時，我就是靠著它振作起來的。

我們實在都需要一份「緊急情況清單」。

以下就是我的「清單」。

我的「緊急情況清單」

1. 練習生物能量醫學及量子領域專家蘇‧莫特博士（Dr.Sue Morter）的「中央管道呼吸」（Central Channel Respiration）。

2. 練習美國著名精神科醫師大衛‧霍金斯博士（David R.

Hawkins）的「放下的機制」（The Mechanism of Letting Go）。

3. 呼求我的天使或上帝，引領我到一個平靜的地方。

4. 練習古夏威夷的另類療法「荷歐波諾波諾」（Ho'oponopono）以及那種充滿力量、源自夏威夷智者的祈禱方式。

5. 學習並意識到：我所看到的，只是拼圖的一部分；並相信情況會沒問題、接受它、放下抵抗。

6. 專注地去問：「它如何會變得比現在更好。」

7. 專注於感恩；感謝上帝或宇宙帶給我此狀況，並感謝那個帶給我此「課題」的人；明白背後一定有些對我有價值及需要我去學懂的功課。

8. 提醒自己一切安好，一切所出現的，都是為了我的最大利益而發生的。

9. 一次只專注於「當下」的一秒鐘。

10. 容許自己感覺良好；通過思考生活中所有積極的事情，去提升自己的振動頻率。（在第 23 章會有更詳細的討論）

當我拿出心中的「緊急情況清單」，並以它來處理我的混亂情緒時，我感覺真的即時有所紓緩。

疼痛逐漸消退，我走出了情緒的黑洞，我現在可以反思到底真正發生了什麼事。

我在振動頻率階梯上不斷向上提升。

現在輪到您了。

您的「緊急情況清單」

無論您把什麼放進您的「緊急情況清單」，最重要的，是那些項目都必須能令您的情緒即時得到紓緩。

無論放進什麼東西也好，只要能幫您擺脫困擾、能平息您的情緒就可以。

我的緊急情況清單上有 10 個項目。

我建議您的至少有 5 個項目，這樣您就可以選擇在特定的情況下，使用不同項目。

我建議您不要列出太多，因為過多的項目會花費您太多的時間，從列表中選擇出「合適的」，在緊急情況下，會令你因為有太多選項，而變得不知所措。

當您需要情緒滅火器時，如同救火，「時間」就是關鍵，最好就是依據過往慣常使用又行之有效的「首選」項目。

許多人發現在「清單」置放特定的祈禱文或聖歌最適合他們，《寧靜禱文》（*Serenity Prayer*）和《詩篇 23 篇》（*Psalm 23*）是許多人的至愛。

有些人使用圖像來幫助他們安頓情緒；這些人在腦海中預先收藏心愛的影像，影像很快就能把他們引領到大自然的氛圍，並即時感到寧靜與放鬆。

對您有作用的就是最適合您的。

隨身攜帶「緊急情況清單」——無論是藏在您的腦海裡、藏在您的空間裡，抑或藏在您的心裡也可以。

多訓練自己，每當您意識到需要停止糾纏於那些不良的情緒，就要即時使用「緊急情況清單」中的選項。

現在輪到您了。

「莊嚴的生命陽光永遠都能令我感到振動！」——黛比·安德森（Debbie Anderson），自然及能量治療師

第二部分

停止追求

STOP

CHASING

第九章

追求認可

「認可是一個永遠令你心碎的情人。」

——薩米·羅德斯（Sammy Rhodes），美國心靈作家

作為人類，我們常活在萬千思緒中。

有時，思緒於一個完美世界的希望和夢想，在那裡，一切都正是我們想要的樣子；其他時候，我們試圖將思緒擺脫過去的傷害和失望。

《因病得福——開始，停止追逐》的第二部分，是關於學習如何「活在當下」，並安住於現實當中。不是活在頭腦想像出來的虛假現實，而是活在當下的身體現實；與其著眼於過去或未來，讓我們一起學習如何對當下有完全的覺察，並擺脫從頭腦而來、滋擾我們寧靜的噪音。

這並不是說您的頭腦或心智，能免於在過去和未來之間游走，而是我們會盡量減少這種不斷糾纏於兩極之間的頻率，同時亦能減少從頭腦編織出來的故事所造成的困擾。

為此，我們將重新定義，讓我們陷入過去痛苦、使我們無法活在當下的共同領域；並學習如何擺脫對未來特定結果的依附、擺脫對事件或對人的期望，以免於失望。

我們將一起探索看待事物的新角度、新的切入點、新的行動方式，以及新的狀態。

讓我們開始吧。

《這很尷尬：生活中的不舒服時刻如何打開親密和聯繫的大門》（*This is Awkward: How Life's Uncomfortable Moments Open the Door to Intimacy and Connection*）一書的美國心靈作家薩米‧羅德斯（Sammy Rhodes）的這句話實在非常精準：「認可（Approval）是一個永遠令你心碎的情人。」

時常要尋求別人認可，會令我們變得善變。因為別人的標準會變化，別人的期望亦會時常出現變化；就是說，別人的期望

與認可的標準往往會一時一樣。

　　當然，追求別人的認可，來證明自己的能力與價值，是我們所有人都常做的事情——只是有些人比其他人做得更明顯。我們從小就追求認可，在青少年時期渴求得到認可；作為成年人，有時我們會假裝不需要任何人的認可，然而，當我們得不到認可的時候，我們的內心又會默默地枯萎。

　　我們尋求別人的認可，是符合人類進化中群體的需要；然而，對於那些想要「擺脫」追求認可的人來說，以下的資料將有所幫助。

我們需要連結

　　我們追求被認可，背後的主要驅動力，是因為我們需要與別人連結。

　　社會神經科學領域權威之一利伯曼博士（Matthew D. Lieberman），與他的團隊花了數十年時間來研究社會關係與連結，他們發現人們對聯繫的需求，跟我們對食物和水的需求同樣重要。

　　在接受《科學人》（Scientific American）雜誌訪問時，利伯曼博士解釋了，為什麼被拒絕所產生的社交痛苦感覺，跟身體的痛苦一樣真實。

　　令我們感覺身心痛苦的事物，往往是進化上累積的經驗中，那些對我們生存構成威脅的事物；「社交痛苦」的存在表明，進化將社會連繫視為生存的必需品，而不是奢侈品；它還會改變我們的生命圖景。

對哺乳類動物的許多研究中，從最小的齧齒類動物到萬物之靈人類，數據都表明，我們生存的社會環境深刻地塑造了我們，當我們的社交連繫受到威脅或切斷時，我們就會感到極大的痛苦。

跟別人的連繫使我們感到被愛和被接受，反之，被別人拒絕就代表疏離群體而失去保護，因而會引發潛藏的恐懼；這就是為什麼當我們的社交連繫遭到威脅時，我們就會感到痛苦的原因。

尋找被認可

從很小的時候開始，我們就會由生活中的權威人物那裡尋求認可。當孩子吃豌豆時，父母會鼓掌；當孩子表現出色時，老師會給貼紙和星星；當能彈出正確音階時，鋼琴老師會予以表揚。

隨著年齡漸長，當您吃一種新蔬菜時，父母不再鼓掌；老師給的是分數，而不再是星星；若果您想要鋼琴老師表揚，您必須彈奏更具挑戰性的作品。

到了十幾歲的時候，我們已經知道，在何時對何人要說「是」，儘管我們明明想說「不」；我們會改變自己的觀點，穿自己不喜歡的衣服，這取決於我們和誰在一起，一切都是為了符合別人的期望。

我們曾經感受過被別人拒絕的疼痛。

我們喜歡感覺被愛和被接受。

當您從年輕人邁向成年人時，您很可能已經成為一個「被扼殺了」的自己；為了獲得別人的認可，您已經成為一位說話能討好別人的高手；您開始怯於表達不同的觀點，寧願保持沉默，也不願跟別人出現磨蹭，以致發生衝突。

現實真的有非常著意別人認可的人，我自己就曾經是一個不斷去尋找別人認可，以及千方百計討好別人的人。

我的故事

尋求認可，對我來說並不是一樣新的追求。

我從小尋求父母和老師的認可，青年時期尋求同齡朋友的認可，成年以後尋求同事和老闆的認可。

雖然我認為我已經做到了大部分能讓我被認可的事情，但仍有一些愧疚需要療癒。

很多年前，我有一位令我敬佩的老闆，他的認可，對我有很重要的意義。

為了爭取他的認可，我早早到辦公室，白天努力工作，晚上常常是最後一個離開的人。

我上下班需要乘車一個小時，所以這意味著我要早上 7 時半離家，在工作開始前 30 分鐘到達辦公室，並在晚上 8 時左右才回到家；是的，這是漫長的一天追逐。

家庭時光對我來說很寶貴——我喜歡和家人在一起，跟我的孩子們共度美好時光，是我最喜歡做的事情。然而，在工作的日子，我回家這麼晚，睡前我只剩下兩個小時和他們共處。

因此，每當我能夠提早下班時，我都會很激動！

有一次，我正好在下午 6 時 39 分下班。一個小時後我回到家，與家人共進晚餐，與兒子們共度時光，然後上床睡覺。

第二天上班時，我竟看到老闆在昨日下午 6 時 42 分，給我的辦公室電話留言，就在我前一天離開後 3 分鐘。我的心沉了下

去，對錯過他的電話感到非常難過，以至於我感到胸口疼痛，非常嚴重地，我沒有誇張！

幾秒鐘之內，我前一天晚上與家人共度時光所留下來的美好感覺都消失了。噗！我內心的平靜被打破了，我的注意力分散了，之前的平靜心情換成了痛苦——這一切都是因為我錯過了老闆的電話而感到極度不安。

這還不是全部。一整天，我都感覺很可怕；心情低落、胃痛，忍不住不斷責備自己，不應該比平時提早下班。

我應該留下來的！我早點離開是不是犯了一個大錯誤？我是否因為沒有留在辦公室，沒有接聽老闆的電話而失敗了？老闆會認為我是一個壞員工嗎？

更糟糕的是，我年輕時的各種記憶赫然浮現，將我已經燃燒的情緒越燒越旺。

我記得年輕時有一次學校考試成績很差，我為自己的表現感到羞恥，並渴望向老師展示我可以做得更好；但我不得不多等兩個月，才能為自己強差人意的成績補償或贖罪。一直以來，我確信我的老師從此就對我失望，因為我認為那一次我令她失望。

那份記憶所引起的恥辱，應該是需要治癒的。老師對我失望了嗎？她是不是覺得我讓她失望了？我不知道，然而，心痛與胃部繃緊的感覺是一致的。

一直以來，我的自怨自艾不斷增長。

我該怎麼辦？在我的辦公室長時間等待老闆的電話？放棄更多我寶貴的在家時間？讓家人在我缺席的情況下吃飯？

可是，我卻又無法控制老闆何時打電話給我。

現在我知道答案是「不」，然而，當時我被過去的恥辱感脅

迫時，那份失敗感、我不夠好和不被認同的痛苦，就一次過向我襲來。

當然，背後是我想取悅老闆，為他好好地完成工作，但代價是什麼？中國哲學家老子說得對：「在乎別人的看法，你永遠是別人的囚徒。」

當我們追求認可時，就會發生這種情況：我們迷失了自己。

想要與需要

如果您和我一樣，那麼您就希望得到別人的認可，尤其是那些您尊重其評價的人。當然，您需要他們的認可，但是您真的需要嗎？值得您去深思的是，您對被認可的需求是否已越過界線，這是「想要和需要」之間的線；意思是，您是否要靠外在的認可去證明您的內在價值呢？

我「想要」被愛，與我「需要」您愛我。

我「想要」我的老闆喜歡我所做的，與我「需要」老闆認可我所做的。

看到當中的不同嗎？

我「想要」某個東西。

我「需要」有人做某事，這樣我才能感受到愛和認可。

這就是我指的界線了。

我喜歡美國實業家安德魯・卡內基（Andrew Carnegie）的說法：「不要尋求認可，除了盡力而為的意識。」他談論的，是您已經知道自己已盡了力的意識。

正如美國心靈作家韋恩・戴爾（Wayne Dyer）所說：「享受

生活中發生的一切，但永遠不要讓您的幸福或成功建基於或依附於任何人、地方或事物。」

「想要」與「需要」，您會感覺到當中的分別。一個感覺很舒服，另一個感覺很繃緊；一個是寬容的，另一個是迫切的。

這是一個「和」而不是「或」。

您「想要」得到某人的認可，而當您得不到，您也會覺得沒問題；反之，您「需要」得到某人的認可，若然得不到，您會覺得自己不被接受或沒有價值。

當您讓自己的價值，依附於別人對您的看法時，您就會情不自禁地去追求別人的認可。

自我價值攸關

「君子求諸己，小人求諸人。」——孔子

我們越是尋求外界的認可，內心就越不快樂；我們的自我價值越薄弱，就越重視他人的評價。

《韋伯字典》（*Webster's Dictionary*）將自我價值定義為：「對自己作為一個人的價值感。」

我們的自我價值來自內心，而不是來自其他人或我們以外的其他事物；無論是否得到他人的認可，我們都是一個有價值的人，我們是自己行動的決定者，不需要藉著被認可的需求來驅動。

相信我。我一生中的大部分時間都在尋求認可，讓人們喜歡和認可是我的願望，驅動了我生活中的大部分選擇和行動——

直到它失去了魔力為止。

當您想要別人的認可時，您付出的代價是痛苦的；痛苦抹煞了平靜，被抹煞的平靜會破壞快樂並加劇痛苦。心靈作家珍妮特‧阿特伍德（Janet Attwood）將這種多層次的疼痛歸納為：「你追求的越多，你的生活就越痛苦。」

當您想要別人的認可時，那份成本其實可以很高；當追求認可會奪去內心的平靜與平安，結果就是痛苦——直到您不再追求別人認可為止。

然而，我在這裡告訴您，一切都沒有丟失；即使您是我這種不斷追求別人認可的人，您也可以擺脫「倉鼠輪子」，並能成功掙脫這個惡性循環。

自我認可 VS. 別人認可

追求自己以外的人或事物來驗證自己是誰，認可自己正在做的或所做的事情，這種認可是「別人認可」；與此相反的，是「自我認可」。

現在就開始自我認可，並如實地去接納真實的自己，即使您正在改變自己的某些方面（並且不要延遲自我認可，才是至關重要的）。欣賞您是誰，以及您可以做到的。

「自我認可」意味著您本身就是認可的源頭——而不是因為別的某人或某事。所以與其依賴別人的認可，不如由自己去作自我認可，否則，您最終只會不斷地尋找自己的過失，不管別人會不會查找您的過失。

美國心靈作家露易絲‧賀（Louise Hay）是我最喜歡的作家

之一，關於自我認可，她這樣說：

「記住，你多年來一直在批評自己卻沒有奏效；嘗試認可自己，看看會發生什麼？你很快就會意識到『自我認可』是一種滋養和滋潤；它可以增強自我價值，提高自尊，並促進自我成長。」

我的故事——如果可以再來一次

若果我當時知道我現在所知道的，我肯定會作出不同的處理。

不是每個人都是這樣嗎？

那是 2018 年的秋天，我剛剛開始研究最終會納入「快樂配方」的三個步驟。當時我還沒有意識到，這三個步驟以及緊急情況清單，將會改變我的生命。

若果我能再次回到當年當日，在早上走進辦公室，赫然聽到昨晚 6 點 42 分老闆的電話留言，換作今天的我，第一件會做的事，就是應用我的「緊急情況清單」。

我會先做生物能量專家蘇·莫特博士（Dr. Sue Morter）的「中央管道呼吸」（Central Channel Respiration），先讓自己站穩腳跟；然後，以「一次專注於一秒鐘」的方式來恢復我的理智；一旦平靜下來，我就會能開始執行以下各個步驟。

第一步——看看情況怎麼樣

我會先看清楚，那只是來自老闆的電話留言，且在正常工作

時間以外；同時，它引發了我年輕時需要治癒卻未被治癒的傷痛記憶。就是這樣，當我看清楚事情的真相，我就不會被捲進頭腦創造出來的戲劇或情節了。

第二步——停止並保持靜止

沒有必要試圖弄清楚事情，不需要解決任何問題，無須尋找解決方案，或試圖猜測任何事情；我會放手，並臣服於我的感受。

覺察大腦正在做什麼——咀嚼過去並展望未來；覺察我的身體在哪裡——在現在；我會進入我的身體和呼吸，這將阻止我參與過去的故事或未來的擔憂。

我會感覺到身體裡邊緊縮的能量在哪裡，並透過呼吸來紓解它們。我會一直在說：「我很好，一切正常，謝謝你，一切都很好。」

第三步——轉化

現在我平靜下來了，集中注意力，是時候攀升振動階梯到更高頻率的地方。在這裡，我可以接觸到，並與我的幸福感達成一致，達致我的內在認知相關的想法和行動。

正如美國心靈演說家亞伯拉罕・希克斯（Abraham Hicks）喜歡說的那樣：我會感覺內心的「軟木塞在晃動」，並意識到發生的一切都是一份禮物，我會感謝這份禮物，感謝它令我康復。

從「緊急情況清單」到「內心的軟木塞」，只需 15 分鐘，

這就是從驚慌失措，到平靜和集中所需要的全部時間。這就是為什麼擁有「緊急情況清單」，對我或對您會是如此有幫助！

我剩下的時間會很棒，我會專注，我的心情會變得輕鬆；當我看到我的老闆時，我會微笑以對而不是躲開。

現在我才明白，當時我仍未知道「我是誰」，因而才會造成自己的痛苦；這不關乎我的老闆，而是關乎我過份追逐別人的「認可」所造成的痛苦。

放手吧

正如冰雪公主艾爾莎（Elsa）在 2013 年迪士尼動畫電影《魔雪奇緣》（Frozen）中的名言——「放手吧！」（Let it Go!）

親愛的讀者，您「已經夠好」了！其實您不需要任何人的「認可」，就可以有這種感覺。

您認為需要的東西，其實大多不會在別人身上找到；然而，您總能在您自己的內心找到。「向內看」，並認識到您是完整的，您一直都是；您不需要去追逐任何人或任何事物，才可以感受到這種感覺。

放下對別人認可的追求，開始專注於愛自己、愛真實的自己，而不是那個為了追求別人認可，而要勉強自己成為的人。

尊重您是誰，在正直與真實當中過您自己的生活。

「需要認可就像在說——你對我的看法，比我對自己的看法更重要。」美國靈性作家韋恩·戴爾博士（Dr. Wayne Dyer）如是說。

您尋求的是內在，評價自己比別人的認可更為重要。

輪到您了

花點時間思考一下，您所做的一些事情，以及您如何尋找認可。

在家裡和工作中，您是一個希望討人喜歡的人嗎？您是教會各個委員會的志願者，或者為了贏得別人的認可，而同意做自己不想做的事情嗎？這裡沒有正確或錯誤的答案。

此刻拿出您的日記，翻到空頁，或者在這裡寫下您的想法：

接下來，反思一下您生活中最渴望得到認可的人：他們是誰，您想從他們那裡得到什麼？您想要愛情嗎？獲得確認？獲得感謝？被看到和被聽到？

在這裡列出是誰，並寫下那是什麼。

此章最後的部分，且來引述美國詩人瑞切爾・E・古德里奇（Richelle E. Goodrich），她允許自己繼續前進，從而拒絕了尋求別人認可的做法：「我必須等待別人的認可，那是什麼意思?! 我

本身就是『那個人』，我本身就可以『自我認可』。」

　　三件您此刻自己認可：成為、感覺、實踐的是什麼事情呢？

　　在這一點上出現強烈的情緒是很自然的，沒關係，就讓情緒浮現出來吧，不要將它們推下或推到一邊；反之，請拿出您的「緊急情況清單」，並選擇您需要應用的項目。

　　在這種情況下，應用哪些項目效果最好？

　　「不要成為別人意見的足球，不要擔心別人對你的看法。事實上，沒有人有時間去細究有關對你的想法。」——詩麗·詩麗·若威·香卡（Sri Sri Ravi Shankar），印度靈性大師

第十章

操控他人

「讓你筋疲力盡的不是前方的大山，而是您鞋子裡的沙粒。」

——佚名

作為人，我們時常活在，甚或是被困在自己頭腦的千頭萬緒中。

有時，我們又活在幻想中，幻想一個能符合我們期望與夢想的完美世界；其他時候，我們不斷重溫過去的傷痛與失望。

《因病得福——開始，停止追逐》的第二部分，是關於學習如何活在當下，並在現實中感到平安平靜；不要活在自己頭腦中的虛假現實，而是聆聽身體的狀況。

不要瞻前顧後，而是專注我們如何覺知並「活在當下」，並擺脫我們腦袋裡面的「噪音」。

這並不是說我們的大腦，從此就能夠停止受到「過去和未來」的糾纏，而是它在兩者間穿梭的頻率會大大減少，我們也不再那麼容易被自己創造出來的情節或故事所困擾。

為此，我們將要重新定義，或找出一些彼此共同的領域；這些領域，正正障礙著我們活在當下，亦把我們困在過去。

也讓我們學習如何擺脫對特定結果的依戀，擺脫對事情與對別人有不必要期望，也學習擺脫愧疚。

我們也將一起探索一些看待事物的新角度、新的行為方式和新的狀態。

讓我們開始吧。

重新審視您鞋子裡的那顆沙子

您不需要有戲劇性的警鐘響起來，才需要改變您現在的生活。

事實上，您不需要警鐘響起來才有所覺醒，就更好！

警鐘可以讓您警醒過來。它可能是創傷性的，例如突發的意

外：生一場大病，又或摯愛的親人逝去；或者，它可能是一些惱人的瑣碎事，就像「鞋子裡的沙子」。

就像我要求小兒子洗衣服的時候，他回答說：「我玩完我的電腦遊戲才去洗。」

呸！

小小的挫折、輕微的惱怒和輕微的人際關係摩擦，都會釀成巨大衝突，盡量別讓它發生。

其實「鞋子裡的沙子」，這些看似小小的障礙，實在是很值得我們關注，您可以把它視為提升自己的覺察和成長，把它視為一份推動力，可以幫助我們更意識到自己是誰。

那些推動力、那些「小小的障礙」，實在是好東西。

北風與太陽

當我還是小女孩的時候，我愛上了《伊索寓言》（*Aesop's Fables*），最愛的一則是《北風與太陽》。

北風與太陽經常為誰的力量更強而爭論不休，當他們在激烈地爭吵時，一個裹著大衣的旅人剛好從路上經過。

太陽說：「誰能夠先令那個旅人脫下他的大衣，就認定誰的力量更強吧。」

北風咆哮著說：「很好！」並立刻向旅人發出了寒冷的嚎叫。

隨著第一陣北風的吹襲，大衣的末端在旅行者的身上拍打起來，他立刻把大衣緊緊地裹在身上；北風吹得越用力，旅人就裹得越緊；北風憤怒地撕扯著大衣，然而所有的努力都只是徒勞。

然後太陽開始照耀。起初，太陽的光芒是柔和的，由於在刺

骨的北風過後，迎來了太陽宜人的溫暖，旅人就鬆開領巾並將它披在肩膀上；太陽的光芒變得越來越溫暖，旅人就脫下他的帽子並擦了擦額頭；最後，他熱得終於將大衣脫下，為了躲避熾熱的陽光，他甚至躲到路邊的樹蔭下。

故事的寓意——溫柔和善意的說服得人心，武力和咆哮的催逼只會失人心。

重新看父母的控制

關於「操控」的弔詭之處，在於「您越是要操控，您能控制的就越少」。

若果您是父母，您一定會明白我的意思。

有些母親因為自己能操控孩子生活的方方面面而自豪，這些被稱為「虎媽」的媽媽「清楚地」知道什麼對孩子最好，並希望子女尊重及服從於她們。

哎呀！

這對母親來說是一個沉重的承擔，對孩子來說也是沉重的忍受。那麼，孩子因父母的操控而反叛，那就不足為奇了！

問題是：家長的操控其實是一種錯覺。

嗯？

若然您是父母，我已經聽到您的「是的，但是」的反駁。

且繼續看下去，親愛的讀者。

孩子不是任由我們塑造和用作達成我們期望的黏土，他們很複雜，他們有自己的需要和慾望；他們擁有獨立的思考、獨立的情緒經驗，並會反抗操控。

孩子們天生就了解自己的需要，他們不需要我們扮演「虎媽」，他們需要我們提供的是愛、信任和指導。

因此，無論您認為自己多麼正確，試圖操控孩子的行為或改變什麼，那都是不切實際。即使您今天能操控他們，明天他們也會造反。

「籠子裡的鳥不能自由地戀愛！」哲學家及作家馬修娜·德利瓦約（Matshona Dhliwayo）堅信。

「你必須以放開雙手的方式去愛。」勵志演講者布蘭登·巴斯（Brandon Bays）如是說。

愛與信任是並存的。

操控是一種錯覺

我們內心根深蒂固的信念是：我們應該控制好我們自己和我們的生活。

想要做到這一點，我們必須控制自己的言行，還必須控制身邊其他人的言行。

這是一股巨大的操控——我只是單單想到無休止的操控，就已感覺累了。

有一句古老的猶太諺語這樣說：「人們一思索，上帝就發笑。」

如此真實！

操控是一種錯覺，是您相信能夠影響結果，然而實際上，事情本身早就超出您能操控的範圍。

當您期望、強迫或要求別人，做您希望他們做的事情時，您

就是把自己的意志強加於他們身上，並作出支配，讓人感到您了解的比他們多。

這不是傲慢是什麼？

若果事情沒有按照您的「虎媽最了解」的計劃和期望進行，您會心煩意亂、抱怨並感到內疚。

簡而言之，當您試圖令別人做您想做的事情時，就會造成很多痛苦，並花費很多精力，尤其是對我們所愛的人。

《啟蒙我》（*Mentor Me*）一書的心靈作家肯·波洛（Ken Poirot）提醒我們：「控制和操縱不是愛，這結果是終身監禁，最終導致根深蒂固的怨恨情緒。」

那麼我們該怎麼辦？

我的故事

活在當下。活在當下的重要標記之一，就是放手。

我的小兒子是一個意志堅強的男孩——我很喜歡他的這個特質，他也是一個自我意識發展完善的少年。

然而，有時，這種特質正正跟「我的期望」產生衝突。

大多數晚上，當我下班回家時，我很想藉著美好的晚餐時段，跟他坐下來好好聊聊他一天裡的經歷。我熱情地給他提了很多問題，可是當他只用冷淡的語調回答說「好的！」或「Okay！」來回應我時，我總會感覺受到傷害。

單方面的談話，叫人實在疲累！

大多數時候，我閉嘴並默默地忍受。

可是有一天，我不能再忍受了。

我氣炸了！

「工作了一整天後，我趕回家和您共進晚餐，得到的就只是『好的』『OK』的敷衍回應嗎？您怎麼可以這麼不體諒和不尊重？您不聽我的、您不尊重我；我是您媽！」

我大聲叫嚷。

他怒目而視。

後來，在學習了「快樂配方」之後，我能夠更清楚地「察覺」真實的情況——我期望他以某種方式行事或回應，這樣我才感到被愛和被尊重。

我把引起我感受的責任，百分百歸咎於小兒子；我感到被拒絕，完全歸咎於他的冷淡回應以及缺乏互動；我藉著讓他感到內疚，來表達我被傷害的感受。

在這種情況下，我疑惑，誰更像孩子？

責備某人說了或做了某件事，又有什麼意義？即使小兒子扮作聽我說話，沒有引起我不快，其實這也不會讓我感到真正被愛或快樂。

聽著，親愛的讀者——沒有任何人因為違背自己的意願來討好我們，可以令我們快樂的；至少，從長遠來看不會。

值得慶幸的是，還有另一個辦法。

超脫法則

您可能聽說過「豐盛法則」，但是您聽說過「超脫法則」嗎？好吧，了解何時放開操控是一件好事。

在《成功的七大精神法則》（ *The Seven Spiritual Laws of*

Success）中，心靈治療師迪帕克・喬普拉（Deepak Chopra）解釋說：

「我們的『小我』（Ego）相信，如果他知道將要發生什麼事，那麼他就擁有控制權。他喜歡掌控一切，因為他能掌控一切就會感到安全和強大。但在事實上，『小我』無法確定將會發生什麼事；他只能基於過去經驗的制約而投射出對未來的估計。不確定性的智慧告訴我們，『小我』真的無法知道未來。」

此外，渴望透過經驗而預測未來將會發生的事情，這將大大地限制了我們，去創造「當下」最合適的可能性。

不必要知道事情如何發展、不需要確定性和議程，才會讓我們發展出一份對宇宙信賴的聯繫，而展現真正的輕鬆和安全感。

它讓我們自由地去欣賞，和感激我們周圍的事物，而不是試圖讓它成為別的東西；當我們允許自己參與不斷展開的創造奇蹟中，我們的生命才會變得更加充滿趣味。

我知道當我說：我們需要「放開操控」才能「獲得解脫」時，這聽起來好像有悖常理。

然而，若果我們能圍繞這個概念進行思考，我們就會意識到它的真確性。

當「小我」考慮放開操控時，「小我」的頭腦想必嚇壞了！然而，只有放手、感恩和欣賞才可以真正進入生命；隨之而來的，是新的見解、新的可能和新的選擇。

當我們第一次開始練習「超脫法則」時，我們會注意到「小我」感到多麼自由，「小我」變得自由，並能自由地接受他人的本來面目。

我們將體驗到的第二件事，是深刻又耐人尋味的「解脫」；我們的快樂不再建基於別人說的話、做的事或事情的結果。

不是我們的丈夫、妻子、伴侶或家人，不是老闆、最好的朋友或受人尊敬的老師，不是期待已久的促銷活動、新的名牌手袋或 Club Med 假期，我們全然為自己的幸福負上責任；沒有什麼事、沒有其他人，現在或將來，會是我們快樂的泉源。

您覺得哪一個更好？

您的幸福是由您自己操控，還是由別人操控？

現在您開始明白為什麼「超脫法則」如此有用了！

「依賴」別人，我們就會把「我」的控制權交給其他人、事、物。

脫離「依賴」別人，「我」就在掌控之中——我自己、我的反應和我的行為。

「依賴」別人，我們的快樂就僅限於別人所說的或所做的；脫離「依賴」別人，我們的快樂則是基於您與宇宙的聯繫；說白了，除了我們自己，沒有人能令我們快樂。

放手從自己開始

我猜您也曾聽過這樣的說法：「當您用一根手指指向別人時，三根手指其實都在指著自己。」

嗯！在印第安人的納瓦霍（Navajo）文化當中，若果您把指責的手指指向某人，這就是一個法律指控。您要來到部落長老面前，可能會因為在指責別人之前，沒有先看看自己有什麼地方做得不對，而受到批評。

耶穌在《登山寶訓》中說過類似的話：「為什麼你看見弟兄眼中的刺，卻看不到自己眼中的樑木。」

放手從我們自己開始。

《韋伯字典》將「接納」定義為「能夠或願意接受某事或某人。」

當您「接納」時，表示您願意承認某人的真正本質，這不代表您一定同意某人，但這意味著您可以自由地接受某人，而無須控制或操縱。

我的故事──捲土重來

在以上的例子中，我想小兒子坐下來一起吃晚飯，並享受與我交談的愉快時光；我希望他用完整的句子回答我的問題，我想他跟我分享他的一天。

這都是我想要的。

而他想要的，卻是能夠享受個人的空間。

他不想分享他的一天，他只是想吃晚飯。

若果我願意放手，而不是大喊大叫並指責他，我會察覺三根同時也指向我自己的手指，然後：

1. 放下執著／依賴。
2. 接受他想要的狀態。
3. 相信他知道什麼對他最好。

我當然不應指責他不尊重我，或是很快就跳到總結或判斷，認為他的行為，令我感到不被愛或不被尊重。

與其攻擊他，我會接受他：我會相信他知道什麼最適合他自己，並接受他在晚餐時想保持安靜的意願。

接受，是的。

操控，萬萬不能。

現在輪到您了

花點時間想想，您想要操控的人，那個喚醒您的人。這人是誰？拿出您的日記，翻到空白頁寫下，或者在以下的空白處，寫下那個人的名字。

遵循印第安人納瓦霍文化「一根手指指向別人時，三根手指其實在指著自己」的概念，寫下一些您正在指向別人的指責。

一些您認為需要改變後，才能讓您感覺好一點的事情。

接下來，看看那三根指向自己的手指；您需要放下的是什麼？

您需要不再依賴的是什麼？

_____

_____

關於這個人，您需要接受他 / 她的第一件事是什麼？

_____

_____

在這一點上，若出現強烈的情緒是很自然的，沒關係，就讓情緒浮現出來吧。

不要將它們壓抑或推到一邊；相反，運用您的「緊急情況清單」並選出哪些您需要藉以紓緩的項目。

在這種情況下，哪些項目達致最好的效果？

_____

_____

「上帝賜予我平靜去接受我無法改變的事情，勇於改變我能改變的事物，並有智慧分辨其中的不同。」——雷茵霍爾德・尼布爾（Reinhold Niebuhr），美國神學家

第十一章

過去

「堅持就是相信只有過去，放手則知道有未來。」
——達芙妮・蘿絲・金瑪（Daphne Rose Kingma），心理治療師

「對，要放下過去。」我聽到您在嘆息著說：「說來容易做來難。」

若果我告訴您，放下過去，比您想像中更容易呢？

若果您覺得自己被困在過去，不斷重演過去的痛苦，並堅持怨恨或背叛，您其實並不孤單。

其實讓人類連結起來的共通點，就是我們都擁有感受痛苦的能力，我們時常記住痛苦事件，其實是有其緣由的；處理痛苦事件跟處理快樂事件有所不同，其實是有其原因的——稍後會詳細闡釋。

現在重要的是，您要知道您並不孤單。

我不知道有誰沒有被困在過去的經驗，同時即使多麼努力嘗試，都感覺到無法繼續前進。

我們都曾經歷過情感上的傷害，我們都曾把「過去」的痛苦，在「當下」表現出來。

我也曾對過去被背叛的經驗懷有怨恨和苦苦思量，那份痛楚把我整個人磨蝕得根本無法正常運作。

當情緒上的痛苦，阻礙我們從某種處境或事件中恢復過來時，這時我們就需要學懂放下過去，才能繼續邁步向前。

就是這樣。

停止被「過去」脅迫

「抵抗是徒勞的。」——《新星空奇遇記》（*Star Trek: The Next Generation*）中的外星種族波格人如是說。

您有沒有看過以上電影中的這一幕呢？波格人控制了企業

號艦長皮尚魯，那是故事中最令人難忘的一幕，艦長的半邊臉已被外星人入侵佔據了，他命令韋威廉指揮官：「我是波格人洛庫圖斯，抵抗是徒勞的，你們的日子已經結束了，從這一刻開始，你們將要接受我的命令。」

儘管這句話很戲劇性，但這跟過去的傷害和痛苦回憶脅迫著您，其實沒有多大的分別。

當過去的經歷操控著您的現在時，我們的日常生活就會受到影響。像皮尚魯艦長，他的當下「不復存在」；當您根據痛苦的過去而作出今天的決定時，您的當下也「不復存在」。

為什麼我們會糾纏於「過去」？

我們都知道，過去就是過去了；我們也知道，它已無法作出改變。那麼，我們為什麼仍會不斷被過去魅惑或糾纏著呢？

這是一個很好的問題！

根據神經科學，大腦會以不同的方式，來處理負面和正面的信息。

負面體驗比正面體驗需要更多時間來處理，這就是為什麼我們更擅於記憶和回憶痛苦的過去。

還記得昔日的黑膠唱片嗎？那些 45 RPM 的唱片，聲音是刻在螺旋凹槽中，必須在唱盤上使用唱針才可以重播那些唱片。

黑膠唱片正在捲土重來。然而，有一個問題 —— 若然您癡迷於傾聽著同一首歌曲時，唱片就會因長久被唱針磨刮而形成深槽。這造成了雙重問題，若唱針已無法滑入磨蝕得太厲害的凹槽時，您再也不能播放唱片上的這一首歌；而若唱針無法走出這個

深深的凹槽，您更加無法再播放唱片上的其他歌曲。

當我們不斷重重複複囚困於過去的記憶時，大腦就如唱針，被困在深深的凹槽中沒法離開。

這就是由我開發的「快樂配方」的奇妙之處，它能幫助我們擺脫這永無休止的記憶輪迴。

放下執著

那麼，我們可以如何放下過去的傷害並繼續向前邁進？

我們可以從放下「期望」開始。

托尼‧羅賓斯（Tony Robbins）是一位出色的心靈教練，擁有超凡脫俗的個性，散發著自信和魅力，啟發和激勵人們成為更好的自己。

他花了 40 多年時間，不斷創造突破並改變生活。

然而，他人生故事的開章其實一點也不順遂。

托尼有一個暴風般的童年。他的母親既吸毒又酗酒，父母在他七歲的時候就離異；到 17 歲時，他要在放學後擔任清潔工，週末則靠家具搬運工作賺錢，來養活他的母親和兄弟姐妹。

他每天早上既要上學又要上班，然後晚上回到一個失序的家庭，翌日醒來又重複著同樣的生活。

然後有一天，他決定讓自己擺脫常規，他省下所能省下的每一分錢，用來參加心靈演說家吉姆‧羅恩（Jim Rohn）的研討會，從此他的生命就有了重大的改變。「我做了一個重大決定，花了一週的工資去參加這個活動。我坐在那裡，我被迷住了！」

正如我在此書中曾提到，生命不需要發生什麼大事來把我們

喚醒，然而我們很需要注意生命中出現的推動或挫敗，並要作出行動。

「要從過去的悲傷痛苦中釋放自己，您必須專注於當下。」托尼說。

為什麼很難活在當下

從新時代哲學家到現代心理學家，許多大師都告訴我們，要拋開過去的遺憾和對未來的擔憂，並專注於活在當下。

聽起來很容易做到。

事實上，所有非人類的物種，都可以毫不費力就做到這一點。想想家裡的狗狗，狗狗是活在「當下」非人類物種的最佳例子。

狗狗正是活在「當下」。當然，牠們記得過去的事情；然而，這不是牠們的關注點，不管過去發生了什麼，牠們都活在當下這一刻，以歡快的吠聲和深情的吻向主人問好。

然而，因為我們是人，要活在當下就需要更多的努力。

根據經濟學家艾雅爾‧溫特（Eyal Winter）博士在《今日心理學》（*Psychology Today*）所言：

「從進化上來說，人類心理是天生注定要生活在過去與未來。其他物種有本能和反射來幫助牠們生存，但人類的生存非常依賴學習和計劃，不活在過去就無法學習；同時，如果不活在未來，我們就無法計劃。」

我們很難「活在當下」的另一個原因是，我們視時間為一個連續的線性過程，因為它是有著連續性的，任何在當下的一毫

秒，都已成為過去，任何一毫秒以後，都已經是未來。

難怪這麼多人難於活在當下！

我的故事

我家中的客廳，有一個偌大的窗口可以俯瞰下邊的巴士站。

每次下車後我喜歡做的第一件事，就是抬頭看看小兒子坐在窗台上，興奮又熱情地揮手歡迎我回家。

很難以置信，這已是幾年以前的事了，當時他才只有 13 歲。

今天，再也沒有人揮手歡迎我回家了。

小兒子現在「長大了」，已成長到不再擁有這股熱情了。

一想到小兒子以前對我的歡迎方式，我就忍不住會淌淚；我想念他從前的樣子，但這並不妨礙我希望有一天，那種熱情的歡迎方式會再次出現。於是，我仍然每次都抬頭。

說說「卡在過去」是怎樣的一回事！

現在，小兒子一整天都忙於黏在他的電腦旁，除了在我回家的時候咕噥說一聲「嗨！」之外。

起初，當他不再從窗戶向我揮手時，我表達了我多麼渴望見到他那樣做，並期待他繼續那樣做；當他不願意那樣做時，我更加扮演「虎媽」的角色，試圖令他內疚，令他感覺很糟糕。

我哄逗、嘮叨和抱怨，他越是後退和自我封閉，我變得更加生氣了！

「您這個人怎麼回事？您為什麼不高興見到我？我一整天都在外邊拼搏，只希望您從房間出來迎接我，這也是苛求嗎！」

就這樣，我把從前一段美好的回憶，變成了痛苦的失落！

若果他能有所改變，我會感覺更好。

指責是三臂強盜

您有否聽過這句格言？「當我們指責別人時，我們也是在傷害自己，把自己變成受害人。」

想想看，這是「一根手指指向別人，三根手指其實在指著自己」的另一個事例。當我們認為有人做錯了，我們會向那人豎起一根手指作出指責；然而不要忘記，當我們這樣做的時候，其實有三根手指同時指向自己，這三根手指是：

- 羞恥者
- 殉道者
- 受害者

羞恥者：因為在內心深處，我們知道所感受到的痛苦，其實與此刻無關，這只是關於過去「未被滿足的期望」。

殉道者：因為我們知道正在經歷的痛苦，其實是來自記憶倉庫中的記憶。

受害者：因為我們所經歷的無助，是來自唱針落在「過去」凹槽中的歌曲。

都是過去的、過去的、過去的。

對當下的新看法

活在當下是什麼意思？

有很多方法可以描述什麼是「活在當下」，有些人將其表達

為完全意識到眼前每一刻,亦指能擺脫內心的喧囂;對於某些人,「活在當下」跟寧靜與和平有關連;對於其他人來說,「活在當下」有一種提高意識和更大活力的感覺。

我知道這聽起來有點陳腔濫調,但「活在當下」真的就是一切。我曾經聽過靈性導師約翰・道格拉斯(Master John Douglass)說過:「整個世界都在此時此刻發生。」這句話深深地影響了我。

在這當下裡,過去不復存在,未來尚未到來。「生命在於現在,深深地意識一下,當下就是我們所擁有的一切。」靈性導師埃克哈特・托爾(Eckhart Tolle)如是說。

與其向後看或向前看,不如活在當下;我們完全「臨在」,並參與其中,對自己的想法沒有作出屬於過去的情緒反應,亦沒有依附於自己對未來期望的想法。

那麼,您可以如何做到?

成為觀察員

還記得在第四章當中,我談到坐在電影院的座椅中觀賞電影嗎?

這是保持「臨在」的最佳方式。

對,成為觀察者。

與其「入戲太深」,並不斷搬演自己的戲劇,不如停下來,不要動,脫離我們的想法和行動,觀察身邊正在發生的事情。

專注於您的心

　　您可以做的另一件事，是將注意力集中在您的心靈。

　　由於身體生活在現在 —— 而我們的大腦活在「過去與未來」—— 若然您把注意力專注於身體內的心靈世界，您將可以一直都保持著「臨在感」。

　　我就是這樣做的。

　　一整天，我都將注意力集中於我的心靈，並保持意識在當下。

　　通過成為觀察者，並專注於我們的心靈，我們能保持活在當下、快樂和滿足，無論面對任何境況。

　　親愛的讀者，「現在」就在它所在的地方！

我的故事——重新開始

　　要是我一直能保持「臨在」的狀態就好了。

　　在上面的例子中，我希望小兒子仍然是過去的他。我想他等待迎接我歸來，用開朗熱情的微笑歡迎我回家；我想要的，是我「從前」心目中的他。

　　然而，小兒子其實是活在當下。

　　因為我常活在過去，才會給我倆帶來了痛苦；我的小兒子沒能達致我的期望，只因為我期待的仍是過去的那個他。

　　若果我從一開始就放下過去，與其責怪他，不如看看那三根其實在指向自己的手指，究竟它給了我什麼啟示？

　　1. 放下過去

2. 接受當下

3. 成為觀察者

我被困在過去，小兒子不是。

於是我按照心靈大師偉恩・戴爾博士（Wayne Dyer）的建議去做：「當要在『正確』和『善良』兩者之間二選一時，我寧願選擇善良。」

善良，對了。

內疚之旅，不必了。

現在輪到您了

您被困在過去的什麼地方？有沒有遭到什麼的傷害，讓您無法停止回憶？有一個人背叛了您，令您放不下？抑或是您有一段很長的時間心中懷有怨恨？

花點時間去回想一下過去那些促使您醒過來的事情，拿出您的日記，翻到空白頁，或者在下面空白處寫下那些纏繞著您的事情；既然放下過去要從您自己開始，那就看看那三根指著自己的手指吧！

您需要放下哪三件事，才能讓自己活在當下？

_____

_____

牢記心靈大師偉恩‧戴爾博士的建議，想想讓您陷入困境的是什麼事情？

———————————————————————

———————————————————————

從善意的角度回望過去，把您困著的事情，它們現在的狀況如何？

———————————————————————

———————————————————————

在這一點上出現強烈的情緒是很自然的，沒關係，就讓情緒浮上來吧！

不要將它壓抑或推到一邊；此時，您可以運用您的「緊急情況清單」，並選擇哪些您需要用作解脫的項目。

在這種情況下，哪些項目效果最好？

———————————————————————

———————————————————————

「善良比正確更重要。很多時候，人們需要的，不是善於說話的優秀腦袋，而是善於傾聽的一顆心。」——史考特‧費茲傑羅（F. Scott Fitzgerald），美國著名作家

第十二章

假象

「就做您自己吧！其他角色都已經有人演了。」

——王爾德（Oscar Wilde），愛爾蘭作家及詩人

當我的孩子還小的時候，他們喜歡為萬聖節而悉心打扮。

剛踏進 10 月，他們就開始談論想打扮成怎樣的角色，以及要穿著什麼服飾；當然，少不得的，是戴上什麼面具。

他們試戴著各式各樣的面具，並扮演不同的角色。我總是驚訝，單單一些簡單衣飾化妝，就能把他們化身成吉普賽人、巨型南瓜或者鐵皮人……

我們不是也是一樣嗎？

誰在求職面試時沒有為了獲得受聘而悉心打扮、精心化妝，甚至戴上一副假面具？明明當天狀態不好，卻強裝出一副笑臉並說：「我很好。」

說到底，誰沒試過戴上面具。

當我們不察覺自己戴著面具，問題就來了！或者，當我們戴了這麼多層面具之後，沒有了這些面具時，我們甚至已經不知道真正的自己是誰。

您一生戴過多少個面具？

我戴過很多個啊！

在成長的階段，我戴著既聽話又恭敬的東方兒童的面具，還有聰明、成績優異的女兒面具；然後，我戴著成功的職業女性面具，同時戴著完美的妻子和虎媽面具。問題是——如果十年前您問我是否知道我戴著這些面具，還有許多的其他面具，我都會說：您發什麼神經了！

我戴面具，不過是為了符合人們對我的期望。

沒什麼大不了，對嗎？

面具是一種幻覺

您熟悉「錯視繪畫」（Trompe l'oeil）嗎？

我相信您也曾經看過。

這法文原來的意思是「欺騙眼睛」，藝術家利用它來創造現實的幻覺，從古希臘到現代的美術繪畫中，都會看到它的蹤影。

然而，它不僅限於美術繪畫。劇場和電影佈景，也時常使用錯視繪畫來營造建築、城鎮和世界的錯覺，甚至室內設計師，也利用它來塑造虛幻的風景和建築特色。

哥本哈根動物園有一幅非常神似的錯視繪畫，裡面描繪著一條巨蛇碾碎了一輛公共汽車。

錯視繪畫很有趣。

萬聖節裝扮也很有趣。

可是追逐面具或假象卻一點也不有趣。

追逐假象

追逐假象是什麼意思？

或許您也會聽過一句英國諺語：「Fake it until you make it!」（假裝直到成真為止！）當我們感到尷尬、害怕或不確定如何進行下去的時候，人們就教我們用「假裝直到成真為止」這種招式去面對。

「假裝直到成真為止」是一個糟糕的建議，而且它的代價非常之高！

假裝這回事，不僅會在情感上、精神上和肉體上把人消耗，

而且假裝別人也會讓人筋疲力盡。

況且，何時才可以停止假裝？

當自己感到自信之後？感到開心之後？感覺堅強之後？

不！

假裝是另一個難以擺脫的「倉鼠輪子」。

可悲的是，我在生活中經常需要假裝。

當我內心不穩定時，我會在會議上假裝充滿勇氣；當有人做了或說了一些令我心煩意亂的事情時，我假裝我能忍受；當我內在的世界正在崩潰時，我卻在臉上堆滿笑容，假裝幸福；在生命中四方八面都壓迫著我的時候，我仍然戴著「一切安好」的面具。

在《信心代碼：女性應該掌握的自信科學與藝術》（*The Confidence Code*）一書中，作者凱蒂・肯（Katty Kay）和克萊爾・希普曼（Claire Shipman）解釋了假裝所要付出的「代價」：

嘗試這種假裝的做法是有很大風險的！

當您覺得自己需要假裝成為某人或某個角色時，這對您的身心構成巨大的消耗；當您經常要假裝成跟自己真正感受不同的另一種感受時，這是令人非常筋疲力盡的。

假裝不僅不能增強自信心，而且幾乎肯定會讓我們失去安全感，因為故意假裝出一些本來不屬於我們的本質時，那只會令我們更加焦慮。

花費在追逐假象上的精力，都會污染並淡化了我們的美麗。

鼓起勇氣，做回真實的自己吧！

鐵面王子

還記得電影《鐵面王子》（*The Man in the Iron Mask*）嗎？這是 1998 年的電影，跟《四劍客》（*Four Musketeers*）的故事有所關連——里安納度·狄卡比奧（Leonardo DiCaprio）飾演戴著鐵面具的神秘人物，被四位劍俠（Aramis、Athos、Porthos 和 D'Artagnan）勇敢地從巴士底監獄營救出來。面具背後的男人——鐵面王子，面臨著一個關鍵的決定：摘下面具還是繼續戴著。

「我戴著這個面具很久了；沒有它，我沒有安全感。」

「我們擔心面具會毀了你。」

「『我』戴著面具。不是『它』戴著我。」

我經常反思鐵面王子做出的抉擇。他本可以躲在面具後面，也許他這樣做會感覺更安全；然而，他利用自己的內在力量，勇敢地擲下面具。

為什麼我們要生活在面具後面？

佩戴著面具，可以讓您展示一個您認為更好、更容易讓人接受的自我版本。

心理學家稱之為「冒名頂替綜合症」（Impostor Syndrome）：「那是一種懷疑自己成就，並有一種持久的、內化了的恐懼，害怕被別人揭露為欺詐者，因而衍生出的一整套的行為模式。」

「冒名頂替綜合症」患者有以下三個特徵：

1. 自覺是騙子

2. 害怕真相被發現

3. 難以內化成功

我的故事

是的，那就是我；若果沒有「快樂配方」，我一直都會這樣下去。

我一生中的大部分時間，都覺得自己像個騙子，害怕被「發現」，我很難接受被讚美，並會為被讚美而感到尷尬；因此，我把它們都刷掉了。

「謝謝，沒什麼大不了。」

「我只是好運而已。」

儘管這看起來很荒謬，但不知何故，接受讚美，又或者被祝賀完成某個里程碑，對我來說，只感到是讚錯人，或者我根本就不配！

即使是真誠地回答：「謝謝您，我為此付出了努力，我是如此高興獲得此殊榮……」諸如此類，對我來說其實已經很難說得出口。

我沒有為任何成就而慶祝，只是繼續默默地去追逐。我一直擔心別人會發現真相，所以，回到工作崗位上，我仍會不斷進修，希望取得更多的學位、爭取更多的進步、贏得更多的獎盃——這就是我的「倉鼠輪子」生活。

然而，在我成功的外表背後，我飽受長期的自我質疑。我否認自己的價值、低估自己的能力，並懼怕失敗，害怕世界會發現

我的真實身份——只是一個騙子——讓我擔憂得夜不能寐。

怪不得我早上會難以離開我的床。

所以，我假裝堅強；我假裝擁有一切，一切都「很好」——我的「積極人格」被「永遠的假笑」包裹隱藏著。

可悲的是，我用精心製作的「錯視繪畫」，來掩飾我這個好像了不起的女人。

您可能會問：代價是什麼？

我的答案是：要隱藏真實的自我。

對真實的自我新看法

《韋伯字典》把「接受」定義為：「忠於自己的個性、精神或性格。」我喜歡這個定義。

真實，意味著您知道自己是誰，並接受您本來的樣子；這意味著對於您的真相，展示一份坦誠並實事求是。

十四世紀的修道士約翰·林德蓋特（John Lyndgate）說過：「你可以一直取悅一部分人，你可以在某些時候取悅所有人，但你不能一直取悅所有人。」

我問：何苦要取悅別人呢？

有些人認為，被喜歡和被接受的關鍵，就是要取悅他人。

哎呀！

聽著，親愛的讀者——您永遠無法取悅所有人。不管您多麼努力，某個地方的某個人，總會有理由不喜歡您所說的話，或者您所做的事，而您對此無能為力。

「放手吧！」（Let it Go）冰雪女王艾爾莎在迪士尼的《魔雪

奇緣》（Frozen）中高唱。

「最重要的是讓你成為真實的自己。」莎士比亞在《哈姆雷特》（Hamlet）中為波洛紐斯（Polonius）寫道。

放棄討好別人！做回真實的自己，不要費心取悅別人，或按照別人的標準生活。

這是您的新口頭禪：我只做我想做的事，在適當的時候說我想要說的話，我身邊的人最終自然會適應。

那就是真實，多好！

真實的自我，是帶著信念和信心活在當下，並忠於自己。

猶如心靈治療師唐·魯伊茲（Don Miguel Ruiz）在《讓心自由》（The Four Agreements）所說：

「要認真對待自己的說話，說話要誠實，只說您真正的意思。避免用反對自己或模仿別人的字眼，在真理和愛的方向上，使用您話語的力量。」

真實是一個過程

如果「說真話和做真實的自己」這個想法讓您顫抖不已，請加入此俱樂部。

起初，當您放下虛假，並脫下面具時，您會感到暴露，甚至感到有份赤裸裸的不安全感，這完全正常。

心靈作家布芮尼·布朗博士（Dr. Brene Brown）是我最喜歡的作家之一，她的一生都在學習和了解人性。她的專長之一是研究人的脆弱性（Vulnerability），她的發現一手改變了人們對脆弱的刻板印象，將脆弱轉化為「勇敢的力量」（Rising Strong），以

下是她對「真實的自我」的說法：

「要做到真實，我們必須培養一份『接受自己不完美和脆弱』的勇氣；我們亦必須相信，我們從本質上就值得被愛和被接受。我學習到沒有比通過察覺地實踐真實性，可以讓更多的恩典、感激和喜悅進入我們的生活。」

請記住，變得真實是一個過程。

擲下面具從現在開始

在您的生命中，總會有一段時間，您會因為要在不同的面具下轉換身份，而感到厭倦。

當假裝成為一種負擔，而假象變得空洞，到時候您就會知道，是時候放棄戴面具的人生了。

既然您正在閱讀這本書，我認為「現在」就是時候脫下假裝的面具了。

放棄戴面具是一個勇敢的選擇。我們不是天生就有面具的，我們戴上面具，這意味著「不是面具戴您，您有權擲下面具。」

脫下您的面具。

放下虛假。

把您的美麗顯示給世界。

美國心靈作家伊麗莎白・庫伯勒・羅斯（Elizabeth Kubler Ross）提醒道：「我們必須在活著的時候就關注生活——從精神／心靈的死亡中釋放我們的內在自我，這死亡源於我們要活在面具後面，而戴這面具是為了滿足外在的期望與標準。」

印度聖雄甘地鼓勵我們：「要表裡一致，要真實，做真實的

自己。」

　　社會學研究教授布芮尼‧布朗大膽地說：「顯示脆弱代表那份勇氣，那份展示我們的真實性，勇於對人展示我們無法控制的結果。脆弱不是軟弱，這是我們衡量勇氣的最棒標準。」

為什麼您必須放手

　　維護一個假象需要大量的精力！

　　從身體上來講，「假裝直至成真為止」對您的心血管系統做成重大負苛；情感上，假裝令您感到孤單，因為即使您生命中最親近的人，也不曉得您到底是誰；在精神上，假裝令人筋疲力盡。

　　同時，當您把太多的自己隱藏在面具背後時，您開始會以為「錯視繪畫」是真的！所以，您賺了多少錢，您看起來有多時髦，您去哪裡度假……這些都變成定義您的價值；還有您架子上的獎盃數量和懸掛在牆上的文憑，也決定了您的地位。

　　然而其實不是，這一切都不能。

　　不脫掉面具，「面具」會毀了您。

　　您可以也能夠這樣做！

另一邊的草更綠

　　我知道，我知道，每個人都有過「另一邊的草更綠」的想法。

　　無論如何，這說法在這裡正好給說對了！

　　當您開始放下面具，您所說的、所做的與您的身心保持一致

時，非凡的事情就真的會發生。

首先，您會感到解脫。

接著，既然您已經釋放了為了維護某個「特定形象」而花費的精力，您不再需要「表演」了！

當您開始接受自己和其他人的本質，而不是他們賺了多少錢、他們的外表，或者他們在哪裡工作時，您會開始擁有更真實的經驗；您會覺得更自在，周圍的人也會覺得更舒服，因為——

您已經停止論斷別人了。

當您的言行變得一致時，您將能夠表達您真實的情緒，並更自由地表達您的想法。

隨著您變得更加真實，您會發現坦誠相對變得更容易；您會更加開放，您能夠自己承擔責任，而無需要委過於人。

因為您正在創造更有意義的連結，膚淺的東西就會消失，關係變得深化。按照吸引力法則，其他志同道合的人會走進您的生命。

最後，當您擲下面具，成為真正的自己時，您肯定會知道，您被愛是因為您是誰，而不是因為您所戴著的面具。

放下面具。

開闢一條通往真實自我的道路。

您會喜歡並欣賞真實的自己。

現在輪到您了

想放下假面，首先得要識別您所戴的是何種面具。請記住，

這是一個過程。

　　首先，拿出您的日記，翻到空白頁，或者在這裡寫下您的答案，並開始問自己：「我戴的是什麼面具？」

　　我為什麼要戴著面具？

　　當我戴著這個面具時，誰和我在一起？

　　我從前認為戴著這個面具的好處是什麼？

我現在知道戴著這個面具的代價是什麼？

_____

_____

列出當您擲下這個面具時，您會從中受益的三件事。

1.

_____

2.

_____

3.

_____

您現在感覺怎麼樣？

在這一點上，出現強烈的情緒反應是很自然的，沒關係，就讓它們浮現出來吧。

不要將它們壓抑或推到一邊；相反，拿出您的「緊急情況清單」，並選擇哪些您需要運用作解脫的項目。

在這種情況下，哪些項目的效果最好？

_____

_____

請記住：「不倒翁會搖晃，但不會倒下。」您也是一樣。

儘管如此，當您搖晃並想伸手去拿一個面具時，記得尋求「快樂配方」的指導，並實踐每一步。

第一步：看到並接受現狀。

第二步：停止並保持靜止，臣服於您的感受。

第三步：告訴自己一切會安好的，這樣就能轉念。

釋放和放手。

「擁有您個人的故事，並在過程中愛自己，那是您生命中感到最勇敢的事情。」——布芮尼‧布朗博士（Dr. Brene Brown），心靈作家

第十三章

不合時宜的成功模式

「樹林裡分出兩條路,我選擇了人跡罕至的那條,
這就讓一切變得不一樣。」
——羅伯特・弗羅斯特(Robert Frost),美國詩人

今天，似乎每個人都迷戀成功。然而，究竟什麼是成功？成功意味著什麼？

若果您正在閱讀這本書，我敢打賭，您父母和祖父母看待成功的傳統思維方式，跟您對成功的看法已經是兩碼子事；他們接受的成功標準不再與您產生共鳴，也許從來就沒有過，而您亦厭倦了因彼此分歧而產生的爭拗和矛盾吧！

若果您是這種情況，親愛的讀者，您並不孤單。

「向成功說是」（Yes to Success）計劃創始人黛布拉‧波尼曼（Debra Poneman），自 2017 年以來一直是我的心靈導師，她幫助過成千上萬的人找到了「真正的成功」。我嘉許她，是因為她讓我從「我與成功的掙扎」中開悟了，她助我了解到，我承傳自家族的「成功模式」原來早已經過時了。

因為她，我現在能夠更和諧、更快樂地定義成功。在《邁向成功人生的五個秘密》（*The 5 Secrets to a Life of True Success*）中，黛布拉對成功有這樣的說法：「我們都知道，那些認為成功只關乎金錢、名譽、大房子或一輛名車，甚至一本暢銷書的定義都已過時了；我們也知道，認識不少擁有這一切甚至更多的人，他們雖然常常掛著微笑，但生命正在枯萎中！」

逐漸地，許多人都意識到，成功不是限於外在擁有什麼。在過去，對成功的定義是關於物質和財富、頭銜和名聲、榮譽和辦公室大小，然而新的成功概念卻完全是另一回事。

傳統的成功價值觀

您有否被告知：「要快樂，就需要成功」？

是的，我也是。

我們的父母和祖父母都相信，若果他們努力工作，他們就會成功；若然他們成功了，這意味著他們「做到了」；如果做到了，他們就會很快樂。

關於什麼是成功，以及成功意味著什麼的想法，實在代代相傳；對成功的定義，往往是由當時的社會、文化與家庭價值觀交集而成。

根據《韋伯字典》的說法，「成功」是「獲得財富、青睞或榮譽。」換言之，財富、尊重和名望。

問題在於，當成功被指定為既定結果時，就沒有多少的個人表現空間了，成功就變成了順從、滿足期望和成就；結果，我們將個人幸福推遲到目標達成以後，才可能擁有。

哎呀！

傳統定義的成功還合時宜嗎？

基於許多的自助書籍、創業博客和成功人士訪談，對於那些以傳統模式的成功概念獲取「成功」的人，我不得不說聲：「不！」

人們總想獲得一份洞察力，藉以了解企業家如何從白手興家走向富有，這份需求是永無止境的，但這只是徒然浪費時間。渴望成功與了解其他人如何達至成功，也不會對我們的成不成功產生多少分別。

就像沒有兩片雪花是完全相同的，也沒有兩個人是相同的。

因此，即使我們複製了奧花‧雲費（Oprah Winfrey）、和

路・迪士尼（Walt Disney）、史蒂夫・喬布斯（Steve Jobs）、埃隆・馬斯克（Elon Musk），甚或是我的靈性導師黛布拉・波尼曼的成功模式，也不能保證我們一定就會成功。

親愛的讀者，接受這一點——我們不會因為追隨別人的腳步而成功的。

成功對不同的人意味著不同的事情。它隨著您的成長而改變，在您生命的某個階段，在春節假期前往阿魯巴島（Aruba）可能對您很重要，但隨著年月變化，可能就變得沒有那麼重要；富裕、財富或者渴望獲得這個、那個亦是如此。

從前社會告訴我們，成功意味著有錢、嫁給對的人、擁有一個大家庭、開著夢想的跑車。

今天，我會說成功就是能了解「什麼能令我們真正快樂」。在我們心裡，在追隨目標時要懂得傾聽內心的指引，知道它會隨著時間的推移而轉換和變化。

追逐成功

我們都追求成功。

我們如何得知自己在追求成功？

那是當我們發覺自己匆匆忙忙地度過一生，而不是細細品味；那是當我們永不滿足於現在所擁有；那是當我們所有的能量都花在追求一個目標，而這個目標「優於」、「大於」或比較我們所擁有的更豐富。

若然您發現自己匆匆忙忙地過日子，認定前邊總會有更好的東西，總是渴望努力去成就某些事情，是的，您正在追逐成功；

就好像您必須攫取成功，或成為某個人，才能證明自己的存在。

追逐成功會消耗您的精力，更會耗盡您的靈魂。

親愛的讀者，事情就是這樣——若果我們追逐它、實現它，只會給我們帶來短暫的開心；無論我們攀到多高或賺了多少，都不能保證我們會真正幸福快樂。

專注於眼前的事物，比努力實現未來某些虛幻的目標，來得更有價值！

新的成功模式

我們對成功的定義正在發生變化。

2014 年，斯特雷耶大學（Strayer University）對 2,011 名 18 歲以上的美國人，進行了一項「成功項目調查」，問卷中的問題是：「成功對你意味著什麼？」令人驚訝的是，90% 的美國人認為成功的定義是幸福快樂，而不是金錢、尊重和榮譽！

斯特雷耶大學校長邁克爾·普拉特（Michael Plater）博士對結果有這樣的解釋：「這表明美國人思考他們個人的旅程，發生了明顯的變化。這不再是關於汽車或房子；反之，人們著眼於過一個充實的人生。」

哇！對嗎？

人們正在反抗他們從傳統家庭、文化和社會所承傳下來的標準，他們以截然不同的方式看待和定義成功。

新的成功是關於心靈的成功。

外在的，是傳統的金錢、地位等象徵。

外在的，是需要向世人證明達到的標準。

內在的，是健康、平衡的生活方式。

內在的，是追隨自己的夢想。

內在的，是在自己的生活中，尋找意義和滿足。

以下是如何做到的一些點子：

遵循我們自己獨特的道路，而不是其他人的道路。

依隨我心引導我們去的地方。

利用我們的直覺和內在智慧。

依隨我們的好奇心。

注意身體的感覺。

做讓自己快樂的事情。

要有同情心和幫助別人。

是的！

這就是我對新成功模式的看法。

心靈作家阿里安娜・哈芬登（Arianna Huffington）在她的著作《從容的力量》（*Thrive*）中，解釋為何有必要對成功有新的看法：

「我們對成功的兩大傳統指標──金錢和權力的不懈追求，已導致如流行疫症般的疲勞過度，和種種與壓力相關的疾病，以及人際關係、家庭生活，還有職業生涯的質素下降。」

她補充說：「要過成功的生活，不僅僅是賺取更高的薪水和擁有一個私人的辦公室。」

美國電視名嘴奧花・雲費（Oprah Winfrey）肯定地說：「實現夢想的關鍵不是專注於成功，而是專注於意義。」

我喜歡此定義。

關注意義。

成為更好的人。

我的故事

如您所知，我一直與自己的家庭標準和文化規範角力；儘管我已重新定義對成功的看法和感受，但仍然習慣於把自己跟別人進行比較，並得出自己比別人遜色的結論。

大多數時候，我對自己的生活和所取得的成就感覺良好；然而，仍有些時候，我確實與腦海中「倉鼠」的聲音作出角力，它告訴我：「是的，那是好的，但還不夠好。」

會的，可以的，應該的。

不！

我不會回到那個「倉鼠輪子」因循的機械化生活！

經過幾十年的追逐，經過「藉著獲得更多的成功，來令自己感覺成功」的歲月，我已經學懂了一個強大的真理——成功應該是一個持續的過程。

成功既不是目的地，也不是「終點」，成功是一段隨著時間變化的旅程。

最棒的是，我了解到在達到「成功」以前，我不必最終才達到「快樂的目的地」；我可以在旅途中的每一天、每一時、每一刻都感到幸福快樂。

沒有一個「百搭」的成功藍圖可以依循，沒有什麼您一定要獲得，沒有哪個您必得取悅的人，這樣您才算獲得成功。

成功是一種「能力」，是能夠對您所成就的一切、所擁有的一切，有一份「感覺良好的能力」，能夠享受及感恩這一切，這

包括對於冰冷的金錢，亦能甘之如飴。

我學到，成功的關鍵是「臨在」當下，對於自己所擁有的，懂得表達感恩，並懂得欣賞身邊的人；當我能夠這樣做的時候，那種感覺真的很棒！

我的靈性導師黛布拉．波尼曼（Debra Poneman）稱之為「自我掌控」，自我掌控就是能掌控自己的想法，並選擇能令自己感到快樂的事，它是指我們能夠選擇自己想感受的，以及選擇自己想做的。

成功的新看法

最近，我聽到了荷李活演員佐治．古尼（George Clooney）如何定義以及如何實現「誠信」，以下是他的說法：

「兌現你所做的承諾很重要。如果你有辦法回饋你的社區並幫助那些不幸的人，這對世界有好處，保持謙虛；對你的選擇要明確和有信心，允許您的失敗激勵您，活出真我；盡可能積極地解決衝突，藉著聆聽去理解別人，永不放棄。」

十三世紀的神秘主義者魯米（Rumi）談及恩惠：「把生活中的一切視為是對你的恩惠。」

美國詩人馬克斯．艾爾曼（Max Ehrmann）的散文詩《渴求的東西》（Desiderata）談及有關內心平和的詩句：

在喧囂和匆忙中平穩前行，
並牢記沉默裡可能存在何種安寧。
盡量與人為善，

但不卑躬屈膝。

安靜，明晰地說出事實，

同時也要善於傾聽。

即使是愚鈍、無知者，

也有其自身的故事。

遠離喧鬧、好鬥的人，

他們會惱亂心神。

如果與人攀比，

你將變得自負或痛苦，

因為總有人比你差，也總有人比你強。

享受你的成就和藍圖。

不管多麼低微，對自己的事業保持興趣，

在命運多變的歲月裡，它是一份真正的財富。

謹慎處理生意之事，

因為世上充滿詭計。

但勿因此而對美德盲目，

許多人仍在為崇高理想奮鬥，

生活中也處處可見英雄品質。

做真實的自己。尤其不要虛情假意。

也不要對愛憤世嫉俗。

因為在了無生氣或希望幻滅時，

愛，仍如草般生生不息。

善待歲月給予的忠告，

優雅地放下少年之事。

蓄養心靈的力量，噩運突臨時它將予你庇護。

但不要讓陰暗的想像折磨自己。

許多恐懼皆源於疲憊和孤獨。

除了有益健康的紀律，

也要溫柔善待自己。

你是宇宙的孩子，

並不比樹木或星辰輕忽。

你有權利生活在這兒。

毫無疑問，無論你是否明白，

宇宙都在依其應然而運轉。

因此，平和地與上帝相處，

不論你認為祂是何樣，

也不論你付出多少努力，有何渴望，

在生活的嘈雜混亂中，請保持靈魂的安寧。

儘管有著種種虛偽、勞苦和破碎的夢，

這依然是一個美麗的世界。

高興起來！為幸福而奮鬥！

正直，恩惠，和平，好好過您的生活，明白宇宙正在為您最大的福祉而運作。

我們應如何看待成功的新觀點？

學習新的成功模式

「好的，太好了！」我聽到您說：「那麼，我究竟如何可以取得新的成功？」

當我報名參與黛布拉‧波尼曼的「向成功說是」（Yes to Success）課程時，我問了她相同的問題。以下是她的回答：

「透過定期的靈性練習，為內心的寧靜打下基礎至關重要。以毫不費力的方式過生活，而不是與急流角力；尋覓並活出您命運安排的道路，行高尚的行為，並作無私的奉獻。」

以她的第一位精神導師瑪哈瑞詩‧瑪哈士（Maharishi Mahesh Yogi）的話來說：「當愛來了，讓它來，不要用您的想法來阻止它。」

就像世上沒有兩片完全相同的雪花一樣，成功的道路也沒有固定的路徑；我發展了「快樂配方」來協助您去發現，什麼才是對您的成功，快樂才是最重要的。

現在輪到您了

世界每個地方的人都在密切關注個人情況和優先事項，以創造全新的、個性化的成功定義。

現在輪到您了。

再一次，拿出您的日記，並翻到空白頁，或在這裡寫下您的答案。您要首先看看，承傳在您身上的傳統成功模式是什麼？

_____

_____

問問您自己：我習慣於用哪種方式來思考成功？對我的家庭來說，成功又意味著什麼？這對我有什麼影響？

那個舊的成功模式，現在對我仍有作用嗎？

接下來，您可以重新定義您自己的成功模式：對您來說，新的成功模式是怎麼樣的？如果您要為自己定義一個新的成功模式，它會是什麼？

列出三件您感激的事情，並繼續前進：

您感覺怎麼樣？

在這一點上出現強烈的情緒是很自然的，沒關係，就讓它們浮現出來吧。

不要將它們壓抑下去或推到一邊；相反，拿出您的「緊急情況清單」，並選擇哪些您需要得到解脫的項目。

在這種情況下，哪些項目效果最好？

「我們沒有看到世界的本來面目，我們只從我們自己的角度看世界。」──瑪哈瑞詩·瑪哈士（Maharishi Mahesh Yogi），印度瑜伽大師

第十四章

金錢

「幸福的生活從快樂致富開始。」
——本田健（Ken Honda），日本財經作家

錢來了，錢又去了。去了哪兒，我不知道！

這是您的金錢經驗嗎？

肯定是我的！

這很奇怪：我賺的錢越多，花的錢就越多，可是我卻不知道錢都去了哪裡！我又沒有瘋狂購物，難道是我的口袋裡有個洞嗎？是的！我確實有一個洞，只是不在我的口袋裡！

我們跟金錢的愛恨糾纏

如果您對金錢有愛恨交纏的關係，那麼您並不孤單。根據《金錢的錯覺》（*The Illusion of Money*）的美國作家凱爾·塞斯（Kyle Cease）的說法是：「你與金錢的關係，正是你與自己之關係的一面鏡子。」

我們與金錢有著獨特的關係：有時我們關係很好，有時很差。

若要了解您與金錢愛恨交纏中的位置，請查看這些與金錢有關的問題，並記錄您說「是」的次數。您會否：

1. 擔心錢不夠？
2. 花錢的時候有罪咎感？
3. 您需要有一定數量的金錢才能快樂？
4. 將您的金錢問題歸咎於環境或別人？
5. 憎恨有錢的人？
6. 假裝自己不在乎錢？
7. 花自己沒有的錢？
8. 經常為沒有錢而找藉口？

9. 花的比賺的多？

如果您對這些問題中的大多數回答「是」，您應該改善與金錢的關係。

然而，無論您在愛恨交纏之中的哪個方面，您與金錢都可以擁有很好的關係。

但首先，您必須停止追逐金錢。

追逐金錢

怎樣才算追逐金錢？

若果您瘋狂地、不顧一切地想要更多的錢，並為了讓自己感覺良好而去購物——您已經是在追逐金錢。

「披頭四」樂隊的歌曲《錢不能為我買來愛》（*Can't Buy Me Love*），正唱出什麼是追逐金錢：

「擔憂和需要是一份推動力，推動我們去追逐金錢，以圖換來一份自我感覺良好。

我會給你買一枚鑽戒，我的朋友，如果它讓你感覺良好的話。

我會給你任何東西，我的朋友，如果它能讓你感覺良好。

因為我不太在乎錢。

可是金錢買不到愛。」

雖然金錢確實買不到愛情或幸福，但它可以讓您感到快樂，起碼，一會兒。有時，那一點點兒快樂會讓您以為，若然您買更

多的東西或賺更多的錢，會令您感覺更快樂，快樂得更長久。

但它不會永遠這樣，而您最終只會追逐更多。作家塞斯（Seth）解釋：「當我們追逐某些物件，我們實際上並不是在追逐那件物件本身；我們正在追求的，是我們以為那件物件會給我們帶來的經驗和感覺。」

您有沒有看過孩子們在聖誕節打開禮物？他們跑到禮物包當中去撕開包裝紙，迫不及待地想看看裡面是什麼；然後，在開初的幾個歡樂時刻之後，他們開始機械式地撕開下一個盒子，然後是再下一個……

我相信您自己也有過這樣的經驗。

您看到喜歡的東西並買下來，您很高興擁有它，然後那份感覺消失了，您把目光再轉移到其他想買的東西之上。

這就是所謂「追逐」的經驗。

這是另一個「倉鼠輪子」，永無止境的追逐！

今天，我並不會說金錢不好或它是「萬惡之源」。我愛錢！

然而，有錢並不會阻止我們繼續去追逐；我們會永遠追逐下去，直到我們「能夠在生命中擺脫對金錢的熱愛，並滿足於我們所擁有的。」

我工作一向非常努力，並在我的職業生涯中獲得了重大的升遷；結果，我得以過上了好日子，可以買到我渴望的東西。

然而，我一生中的大部分時間都在追逐金錢，試圖填滿我內心的空洞；我以為有更多的錢，可以買更多的東西，就能填補這個內心的空洞。

可是，我從來沒有成功填滿我心中這個空洞。

回想起來，作為一個女兒、一個母親、一個朋友，或者一個

同事，我都覺得自己不夠好；我意識到我追逐金錢買東西，是因為我從來不感到自己是足夠的。

我試圖填補的空洞，一直填不滿！

您看，在內心深處，我覺得我還不夠。因此，我通過想要的東西來補償，花費更多、得到更多；然後，我會對我的過度消費感到內疚，對自己不省錢亦會感到自責。

我會擔心錢不夠、會擔心花錢、會擔心自己不省錢。

我繼續「倉鼠輪子」般追逐金錢的循環困境。

因為我還沒有學會，如何享受自己內心的豐富。

為金錢擔憂

我討厭為錢擔憂，我知道您也是；然而，擔心錢就是當今文化中的一個部分，它無處不在。

親愛的讀者，擔心金錢的傷害遠遠大於幫助——擔心導致壓力。

擔心會阻礙您清晰思考，和作出正確決定的能力。

擔心會給您的人際關係帶來壓力，並可能導致緊張性頭痛等問題，然後是胃潰瘍、心臟病及中風等。

從本質上來說，擔心是對您想要的東西予以否定。您想要錢，但卻專注於它的缺乏，這意味著您肯定自己的缺乏，這會逐漸升級為恐懼。

若果您對金錢感到恐懼，您就會知道不再擔心金錢是多麼困難，因為它會形成一個惡性循環！

「好的，我明白了，我需要停止擔心金錢。這正確嗎？」

「是的。」

「那麼又可以怎麼辦？」

「您需要用金繼（Kintsugi）的修補技術，來處理您的金錢困境！」

金繼的藝術

您聽過金繼嗎？那是日本修補破損陶瓷的一種藝術，以金、銀或鉑金加上漆來修補陶瓷的斷裂。金繼的起源可以追溯到日本室町幕府時代，當時的將軍是足利義滿。

故事源於當年足利義滿最喜歡的茶碗不小心打破了，他把茶碗送到了中國修補；然而，當它送回來時，那些碎片只是用金屬的釘釘連接在一起，整隻茶碗猶如毀容了。

嚇壞了的足利義滿，懇求日本工匠再想辦法，讓他的茶碗重新變得完整。首先，他們取下金屬釘，並將每個碎片都擺放好；然後，工藝師沒有試圖掩飾損壞，只是把斷裂的線變成了美麗的金縫。

就這樣，足利義滿將軍的破茶碗，變換成了另一件精美的藝術品。

金繼的藝術，不僅僅可用修補破裂的陶瓷。

修復您內心的洞

我的孩子們還小的時候，我們一家人經常喜歡去海灘玩沙，他們從不厭倦用塑膠鏟挖洞，然後用膠桶掬來無盡的海水，想要

填滿那個洞。

有一天，一道裂縫出現了，他們的小紅塑膠桶開始漏水；不管他們從海邊跑到沙洞的速度有多快，也永遠無法保持水桶裡有足夠的水，來填滿他們挖出的洞。

追逐金錢的時候也一樣。

您瘋狂地跑來跑去，不顧一切地想要更多的錢，瘋狂地買東西來填滿我們內心的空洞；然而，因為我們的桶裡有一個洞，無論我們賺來多少，錢總是很快就流失。

「快樂配方」的好處之一，是讓我們停下來，保持靜止，並觀察正在發生的事情；我們得要離開「倉鼠輪子」，去看看自己內心的洞；不需要羞恥、不需要責備，只需要覺察自己內心的洞，亦不需要急於填滿它。

這一個簡單的行動，是我們與金錢和平共處的關鍵。

停止並保持靜止，讓我們臣服於當下正在發生的事情。

這給我們有空間去覺察和體驗自己內心的豐富，而一旦我們能體驗到，我們就能以全新的眼光看待金錢。

對金錢的全新看法

暫時忘卻您對金錢的認知，不去理會它作為鈔票與硬幣的形式，以及在銀行賬單上的銀碼；擺脫您對金錢的期望，不去想您擁有金錢或不擁有金錢代表什麼。

停止。

平靜地不要動。

現在思索一下：若果金錢是一段關係，一段跟別人充滿活力

的關係。（是的，您知道。）

您會歡迎它到您家，並給它一個留下來的理由，還是您會找一個推開它的理由？

「我是誰？我永遠不會把錢推開！」

「若果您不知道您是誰又怎麼辦呢？」

「我怎樣知道其實我是誰？」

我最喜歡的財經作家之一是本田健，他被稱為「快樂地賺錢的人」，他幫助人們改變與金錢的關係，以下是他在《快樂地賺錢》（*Happy Money*）中所說的話：

「金錢絕對能給我們帶來快樂。

但是，唉！它也可以做相反的事情。它會給我們帶來壓力、恐懼和沮喪，甚至不幸。當它帶來這些感覺時，我們可能會不自覺地推開金錢。

我們越推開它，我們就越不快樂。」

就我而言，我越追逐金錢，我就越不開心；直到我停下來，觀察我對金錢和生命的聯繫和感受，我意識到，我在不知不覺中把金錢推開。

我與金錢的關係並不融洽，我並沒有歡迎它到我家。

不管我有多少錢，我總是覺得缺錢；因為，錢並沒有停留多久。

現在我知道「能量」才是真正的貨幣；您用錢來做什麼，取決於您與金錢的「情感聯繫」。

以下是來自《快樂地賺錢》更多的內容：

「信不信由你，錢可以帶來快樂。不只是快樂，它們甚至是友善和幸福的。人們與金錢的情感聯繫會影響他們的收入、消費和儲蓄方式。那是關於你所盛載的能量，而不是你擁有多少或你

賺了多少，而是關於你內心的感覺如何。」

「學習如何將金錢視為受歡迎的客人，讓它以尊重的態度來來去去，並且不要抱怨。」

您認為金錢寧願留在誰的身邊——一個有著快樂能量並歡迎金錢的人，抑或是有著不快樂能量並把它拒諸門外的人？

現在輪到您了

擺脫金錢困境，首先要檢查您與金錢的關係。拿出您的日記簿，並翻到空白頁，或在以下此處寫下您的答案。

首先探索金錢對您的意義。對於某些人來說，金錢換來安全、自由和地位；對於其他人來說，金錢可以用來讓他們做有趣的事情。問問您自己：「金錢對我來說意味著什麼？」

_____

_____

接下來，花點時間檢查一下您與金錢的關係：是好的、還是壞的？問問您自己：「我和金錢的關係是什麼？」

_____

_____

然後，問問自己：「想藉著追逐金錢來填補什麼空洞？」

_____

_____

接下來，「當您想到需要金錢時，會出現什麼感覺？」有些人感到焦慮、有些人感到羞恥，您呢？

_____

_____

現在，讓我們來看看金錢可以為您做到什麼了不起的事情。以下就是作家本田健不得不說的：

「當妻子感覺有點憂鬱時，丈夫可以用鮮花給她一個驚喜；一個媽媽可以把她的孩子送到他們選擇的大學；科學家可以資助拯救生命的研究；一個藝術家可以追求開設藝術工作室的夢想……又或企業家可以開創他一直夢想的事業。」

輪到您了。

金錢可以為您做些什麼？更好的是，問問您自己：「我能夠藉著金錢幫別人做些什麼？」

_____

現在，繼續滿懷感激和欣賞並填寫這一頁您的日記。

列出三件您將會做，並因此而能與金錢建立幸福關係的事情。

1.

———————————————————————————————

2.

———————————————————————————————

3.

———————————————————————————————

您感覺怎麼樣？

在這一點上出現強烈的情緒是很自然的，沒關係，就讓它們浮現出來吧。

不要將它們壓抑或推到一邊；反之，拿出您的「緊急情況清單」，並選擇哪些您需要得到紓緩的項目。

在這種情況下，哪些項目的效果最好？

———————————————————————————————

———————————————————————————————

「是您自己創造自己的幸運。」——尼爾‧唐納‧沃許（Neale Donald Walsch），《與神對話》（*Conversations with God*）系列作者

第三部分

從現在開始——
快樂配方的日常實踐

EVERYDAY

APPLICATIONS OF

THE

FORMULA

第十五章

歡迎週一症候群

「僱主在星期一最快樂，僱員在星期五最快樂。」

——莫科科馬・莫科諾阿納（Mokokoma Mokhonoana），南非作家

還記得媽媽與爸爸合唱團（The Mamas & the Papas）的《星期一，星期一》（*Monday, Monday*）這首在 1966 年的流行歌曲嗎？

當您為展開星期一的工作而準備更衣時，您會否曾經不自覺地哼起這首讓職場中人深有共鳴的歌曲呢？

如果您對工作週的第一天感到有壓力而心生恐懼，那麼您並不孤單！

無數人都有討厭在週一起床上班的感覺——尤其如果您的工作性質是朝九晚五。

嚴肅的勵志演說家梅爾．羅賓斯（Mel Robbins）述說他的「早晨沮喪狀態」（Morning Dread）經歷：

「41 歲那年，我的生命一團糟！我失業了，面臨破產，我的婚姻關係急劇惡化，我開始酗酒。我每天早上都掙扎很久才能起床。鬧鐘響起後，我知道我應該起床並去處理我的爛攤子，但焦慮突然襲來，我反而選擇按下了小睡一刻的按鈕。」

您能明白他到底發生了什麼事嗎？

我當然明白！

他正經歷著「週一症候群」或是「週一憂鬱」。許多人，尤其是那些從事高壓力工作的人，在度過一個輕鬆有趣的週末後，都可能會體驗到的感覺。

什麼是週一症候群？

無論是哪一天，展開工作週的第一天，對很多人來說都有股莫名的壓力。雖然體驗不同，但恆常出現的特質是不變的——

總好像有股不祥的恐懼。以研究「工作中的快樂」著名的專家亞歷山大‧凱魯夫（Alexander Kjerulf）表示：

「週一症候群」描述了許多因工作不愉快而產生的負面情緒。它包含抑鬱、疲倦、絕望以及不可避免的失落與沉悶感。

大多數人都認同，在星期一早上進入工作狀態時需要更多的時間，但如果您的工作週衍生出焦慮、悲傷或壓力感，這才是值得擔心的問題。

我的故事

幾十年來，我害怕上班。不僅是因為週一症候群，我還遭受到週二、週三、週四和週五的早晨憂慮！

是每一天，我沒有騙你。

我睜開眼的第一件事，是問自己兩個問題：「今天是幾號？」和「我今天會做什麼？」

然後，我會在精神上尋找一些東西，任何能激勵我離開床的東西。與朋友共進午餐、與開朗的同事共進咖啡、穿著新裙子或首飾，以及期待 Toastmasters 會議的降臨或週五晚上與家人一起的電影時光。

我努力尋找任何能讓我振作起來並促使我離開床的事物，無論是多麼的微小。

有時，讓我期待的東西可以令我起床；其他時候，唯一能驅使我離開床的，就是擔心因上班遲到而被解僱。

儘管如此，最終讓我每天勉為其難地起床的，還是我的孩子們，我不得不起床去為他們打點早餐；因為我的孩子，令我不得

不繼續前進；否則，我會丟掉工作，成為他們的壞榜樣。我的孩子們是讓我早上起床的主因。

我追求任何積極的東西，需要一些外在的東西來推動或誘發我下床。

然而，就像吃藥止痛一樣，我所追求的只是有短暫的效用，故此，我不得不再找下一顆「止痛藥」，我一直尋找可以讓我繼續前進的人或事。

以這種心態展開新的一天，實在是非常糟糕啊！

當然，在週末或假期起床要容易得多，因為還有令人愉快的事情值得期待。可是，那種根深蒂固的恐懼感始終伴隨著我。

有時憂鬱會在晚上出現。特別是週日晚上。

星期天早上，我會因為能與丈夫及兒子們共度時光而高興地醒來！午飯後，事情卻會發生變化。我已開始考慮週一工作中需要做的所有事情，而不敢再與家人在一起。當我為即將舉行的會議而煩惱時，壓力悄悄襲來。隨著我寶貴的家庭時光流逝，焦慮的浪潮攻破我的寧靜之牆，到臨睡的時候，我已經徹底抑鬱了。

很難相信我真的曾經這樣過我的生活！

是什麼導致「週一症候群」？

如果您在互聯網上搜索「導致週一症候群的原因」，您會發現數百個說法。然而，共通的原因不僅僅只有一個。

您可能是感到精疲力竭，或是對日常刻板又重複的事務／常規感到厭煩；或是對工作沒有激情，或是沒有晉升空間，或是跟同事相處不來，或是對工作感到不滿，或是純粹希望能拋下工作，成為全職媽媽或爸爸⋯⋯

無論原因如何，週一症候群的影響都是深遠的。在工作中，

您的工作效率下降，而且變得越來越悲觀；在家裡，您變得無趣，或是抽離於家庭生活。總體而言，您的創造力會受到影響，體力、社交、活動量也逐漸下降。

可能直到週末，您的情緒才可能有所提升，並重新跟人聯繫——這是情緒起伏的過山車。

如何應對週一症候群

如果您再次在互聯網上搜索「應對週一症候群」，您會找到相同數量的解決方案——從充足的睡眠和早起，到好好地為自己打扮一番，以及在浴室鏡子上貼上寫有自我鼓勵句語的便利貼等等……

還有，您可能還會嘗試改變生活方式，或是無數次告訴自己：「工作只是工作，而不是您生活的全部」；或是嘗試思考積極的事情，並在上班途中聆聽紓緩的音樂。

然而，這不能徹底處理您的「週一症候群」，即使可以得到紓緩，可是也不能持續多久，至少不會太久。

為什麼？

因為您仍然在「追逐外在」的東西，來幫助自己減少焦慮和壓力。

我的故事

分析心理學之父卡爾・榮格（Carl Gustav Jung）博士倡導「你所抗拒的，都會堅持下去」的觀點，我當然發現這是真的。我抗

拒沮喪或憂傷的時間越長或越強，它們持續的時間果然就越長。

2017 年，我開始每天冥想。儘管沮喪的強度自始有所減弱，但直到 2018 年我開發「快樂配方」的步驟後，我才終於能掌握到如何處理我的「早晨沮喪狀態」。

今時今日，我不再抗拒沮喪了！而當它們出現時，因為我不再抗拒它，所以它亦會悄悄地離開，不會再在思緒中不斷纏繞。

現在，我對沮喪有新的看法，明白它教會我「看到、停下來和保持靜止」的功課，並讓我真正懂得感恩。當我能這樣做的時候，沮喪或憂傷的感覺會變得柔和；雖然它可能會持續一段時間，但它們還是會消失的。

如果有一天沮喪／憂傷再次返回，我會再次使用「快樂配方」去處理它。就像把它視為一個老朋友，我會讓它來去自如。我不會試圖將它拒之於門外、忽略它，或者企圖藉著沉溺於其他人事物來麻痺或忽略它。

我清楚明白的是，我無法通過追逐外在的人事物來避免「週一症候群」。如果我想要平安，我就必須對當下發生的一切保持平和。

今時今日的我，當看到沮喪到訪時，首先，我會坦然歡迎它，並停止只用頭腦去思考是什麼事情令我沮喪；相反，我會保持靜止，向心內看，用心去感覺，伴隨著沮喪而出現的任何感覺，它可能是害怕、焦慮、悲傷，甚至是恐懼。不管它是什麼，我允許它來，並感受它。我不退縮，放鬆下來，並像老朋友一樣歡迎它。

我承認憂傷、我沮喪。然而，我更需要的，是先軟化自己的心，以及連結它和打開它，彷彿心中有一扇門，我敞開迎接憂

鬱。我輕聲說：「你好，憂鬱，你又來了。謝謝你！我愛你！」

面對你的沮喪與憂傷

依著方程式的步驟去面對沮喪與憂傷，能否令星期一或其他任何一天的沮喪永久消失？

誠實的回答是——我不知道。方程式是一個循序漸進的過程。您做的越多，您得到的解脫就會越多。

對於停止追逐某事的最好方法，我認為就是「如是觀之」，就是以不加評斷的方法去「面對它」。只是以平常心去看看各種情緒帶來什麼的啟示或功課。

停止精神上的痛苦，進入內心尋求平靜。

請謹記，完成「快樂配方」的步驟，並使用您的「緊急情況清單」，並不能保證您的生活將充滿「獨角獸和彩虹」。

它們的作用是幫助我們立即「覺察」內心。它們訓練我們停止將注意力放在由頭腦編造出來的情節，並保持靜止；因為只有在那裡，我們才能找到自己所尋求的平靜和力量。

向內聚焦

還記得當您還是個孩子的時候，您會飛快地轉來轉去，以致令自己頭暈目眩嗎？然後您要麼在旋轉後跌倒，要麼在轉的時候就已摔倒。

現在想像一下，您是一名專業的芭蕾舞演員，以旋轉贏得別人的眼球與掌聲。那麼，是什麼讓您不暈眩？對，您要能做到

「專注於一點」。

這就是快樂配方的核心——它通過將注意力集中在一個內在的平衡點，來幫助我們停止糾纏於令人不快的思緒中。一旦做到了，我們可以迅速把自己的意識轉移到更好的感覺。

現在，當我看到自己感到恐懼時，與其在精神上尋找足以激勵我起床的東西，我選擇停下來，並保持靜止。然後，我向內看，並感受那裡的感覺。

我通過歡迎恐懼來轉化，並打開我的心扉。突然間，我相信一切都很好，而且一切都是為了更高的目標而發生的。「一切正常。一切都會好起來的。」我跟自己如是說。

恐懼會像往常一樣離開，必要時恐懼亦會回來，以提醒我們去面對或處理一些未被療癒的傷口，或是我們一直逃避的部分，就是如此而已。

與其生活在充滿憂慮、絕望和恐懼的心智領域，不如用「快樂配方」去發現內心的平靜。

使用快樂配方跟情緒交朋友

無論您正在經歷何種程度的壓力或焦慮，「快樂配方」都能以三步幫助您與「週一症候群」交朋友。

第一步——如實地看看沮喪／憂傷是什麼？

第二步——停止並保持靜止。
停止專注於頭腦編造出來的情節。

想像自己是在電影院觀看戲劇的觀眾，而不是置身於戲劇中，這樣有助我們不再糾纏於沮喪憂傷的情節。

專注於自己的呼吸和身體，臣服於自己所感受到的情緒。

第三步——通過確認情況並說「謝謝你」來做轉化。

這就是您將如何使用快樂配方來軟化和減輕「週一症候群」的步驟。

看、停止並保持靜止、轉移，這三個簡單的步驟，它們就是您接納「週一症候群」所需的一切。

第十六章

放下謊言

「我們是由自己的思想塑造而成。」
——佛陀

在《英倫製造》(*Made in England*)的專輯中，埃爾頓·約翰 (Elton John) 唱了一首名為《謊言》(*Lies*) 的歌；在裡面，他列出了他和其他人會撒的謊：

有些人為了隱瞞誰是真正所愛而撒謊。
有些人為了真相而撒謊。
有些人為了保命而撒謊。
有些人為了年齡而撒謊。
我們躺在一輛名為『慾望』的有軌電車上。
哦，我們為青春之鳥而撒謊。
我可以像田納西·威廉斯一樣偉大，
如果我能聽到一些聽起來像真理的東西。

啊！真相的甜美聲音。真相是很實在的，說出來的時候，您可以感覺它是來自一個心中共鳴的地方；當聽到它的時候，它有一個明顯的光環。然而，真相是很少能被說出來，可悲的是，許多真相都被吞沒了。

當您知道別人會反對時，說出真相需要勇氣；當您周圍的人不同意時，您需要堅定的信念，堅持真相。儘管如此，親愛的讀者，真相會讓您自由。

讓我們開始吧！

我們對自己撒的謊

說到謊言，主要有兩大類：

1. 我們對著自己編造的謊言
2. 我們接受來自自我總結或評斷的謊言

第一類謊言

第一類「對著自己編造的謊言」不難發現，因為我們經常編造關於自己的虛假故事。它們表現為（一）「自我價值」謊言、（二）「限制性信念」謊言、（三）「這不是我」謊言。

「自我價值」謊言

我們對「自我價值」謊言（self-value）應該不會陌生——它是我們對自己的評價，例如「我不夠好」。

「自我價值」謊言以「自我的評價」為目標，並在您和其他人或一個特定的標準之間進行比較。

這些謊言讓您對自己感覺不好，逐漸侵蝕您的性格。

每次您說自己太胖、太瘦、太高或太矮而貶低自己時，您其實在進行比較，並告訴自己，我不符合別人的標準。

每當您認為自己不夠漂亮、不夠聰明、太外露、太情緒化，或者太激進，您是在認為，您不屬於或不符合某個團體的標準或規範。

這是事實，這就是您對自己的「想法」。

用美國前總統夫人埃莉諾·羅斯福（Eleanor Roosevelt）的話來說：「未經您的同意，沒有人可以讓您感到自卑。」

所以，停下來吧！

「限制性信念」謊言

而「限制性信念」（Limiting Belief）的謊言所指的是，您認為您所能做到和不能做到的。

這些都是「有關自己」的謊言。

當您說：我不會滑雪，不會踢足球，不會跳舞或不會織圍巾時，這些是「限制信念」的謊言；自我強加的信念，即是說您認為自己不能做某件事，或者永遠學不會如何做某件事。

您有沒有發現，自己認為做不到的事情，其實可能根本從未嘗試過呢？

當您將自己與別人的標準進行比較時，「自我價值」謊言在您不為意的時候就會出現。至於「限制信念」謊言，是自我強加給自己的——例如您說自己不能做某事，自己不能改變；其實，您根本沒有嘗試過。

「你不能教老狗新把戲。」真的嗎？

當我們全家移民到加拿大時，我的祖母和我們一起移民，她為了獲得加國公民身份，必須學習如何用英語讀和寫她的名字。問題是，我的祖母是文盲，從未上過學，因此她不會用中文讀寫，更不要說英語了，我們仍然盡全力幫助她，通過了考核成為加拿大公民。

誰說不可以教八十多歲的老人學新把戲！

「現在要我轉換職業已經太晚了！」真的嗎？

在成為「身心語言程式學」（NLP）培訓師之前，我的老師黃重生（Talis Wong）是一位香港政府的註冊工程師。當他退休時，他感到有份召喚，於是去學習並成為 NLP 培訓師。

十多年來，Talis 已經培訓了數以萬計的香港、澳門和中國內地的學生。

您說「我永遠也做不到。」您肯定嗎？

我的堂家姐 Charis 也這麼認為，多年來她一直想學習如何騎自行車，同時暗自懷疑自己到底能不能做到；最後，她鼓起勇氣自學，而當時她已經 50 多歲了！

您有多少次告訴自己，若果您有更多的金錢、更多的時間，或者一個可以一起努力的朋友，那麼您的生活會精彩得多！

這是事實，您可以擁有，您也可以改變。

在您做某件事之前，您不需要成為專家、完全準備好、才華橫溢或經驗豐富。身心靈作家韋恩‧戴爾（Wayne Dyer）提醒我們：「唯一的限制，是你自己的限制性信念。」

「這不是我」謊言

許多人在事情出問題時就會怪罪別人，並將責任推卸給其他人或狀況，想也不想，因為那是「自動化」心理機制即時彈出來的想法。

「自我價值」謊言是關於自我價值的，「限制信念」謊言是關於您能做什麼和不能做什麼，「這不是我」謊言，則是與目標和責任有關。

「這不是我！」某程度上，您其實也要負上責任。

「他們要我做的。」怎樣可以推卸責任。

「這不是我」謊言的核心是「受害者」心態；因此，當出現問題時，絕對不能是自己的錯，重點很快轉移到找其他人負責任。

若果把錯的矛頭轉移到別人，您就不需要負責任，讓其他人或其他狀況為發生在您身上的事情而負責，這就是一種「受害者」心態。

因為您不用負責任，所以就不須承擔後果；您不應被責備，因為您沒有做錯；亦因此，您從來沒有從錯誤中學習到什麼。

每個人都會犯錯，這是事實。每個人都可以犯錯，那是我們學習和成長的方式。

十八世紀作家歌德（Johann Wolfgang von Goethe）說過：「我們通過尋找與犯錯去學習。」

第二類謊言

第二類是「自我結論」的謊言，是一種關於如何接納自己的謊言，這種謊言更難被發現，因為這些謊言似乎遵循事件的邏輯順序發生，即使它們根本不是。

當某些人或事情對我們很重要，而我們又感到不安全的時候，我們就很容易跳到這些「自我結論」的謊言。

讓我舉個例子：

情況：您的老闆把工作退回給您，要求作出一些改變。

結論：我的老闆認為我不擅長做我的工作。

在這個例子中，您假設了老闆對您工作能力的看法。您的結論似乎合乎邏輯。但這是真的嗎？因為您沒有跟老闆進行核實，所以您其實不知道。

最後，您接受了一個關於您工作表現的謊言，那是一個由您

自己猜測出來的「謊言」，您的老闆其實沒有表達過他的看法。

另一個例子：

情況：最近，您的愛人表現出抽離和疏遠。

結論：我的愛人生我的氣。

是真的嗎？有其他可能性嗎？

其他例子：

情況：您的孩子晚上哭，您不去安撫她。

結論：我是一個糟糕的父母，讓我的孩子哭。

您確定是這樣嗎？

當我們視作為重要的人涉及其中，我們很容易就為他們所說、所做，或他們如何反應作出結論。

可能您是對的，也可能您是不對的，問題是——您不能確定；更嚴重的問題是，您已經在不確定的情況下，對您自己和您在做什麼，作出了消極的結論。

這是一個可能準確也可能不準確的結論。

雙重打擊

「好的！」我聽到您說：「我有一個問題：是否有可能接受『自我結論的謊言』之後，同時又為自己編造謊言。」

「是會的！」

這就是我所說的「雙重打擊」（Double Whammy）：當我們

為自己編造謊言，同時我們又把這些「自我結論謊言」信以為真，結合起來就有如給自己打了「兩巴掌」。

使用前面的事例：

情況：您的老闆把工作退回給你，要求您作出一些改變。

結論：我的老闆認為我不擅長做我的工作。

雙重打擊：所以，我不夠好。（自我價值謊言）

情況：最近，你的愛人表現出抽離和疏遠。

結論：我的愛人生我的氣。

雙重打擊：這不是我的錯，我沒有做錯任何事。（這不是我謊言）

情況：你的孩子晚上哭，你不去安慰她。

結論：我是一個糟糕的父母，讓我的孩子哭。

雙重打擊：我不能做一個好父母。（限制性信念謊言）。

如果您在上述任何一項中看到自己，那麼您並不孤單：我和您也是一樣！

我的故事

我上高中的時候，總是低著頭走路。我把頭垂得很低，若果您向我走來，您看到的只是我的頭頂；我從來沒有抬起頭，因為我為臉上的青春痘感到羞恥，我認為我是醜陋的。

因此，當我上學，並將自己跟其他女孩進行比較時，我告訴自己，我不夠漂亮，我並不完美。我走過大廳時我不配抬起頭，這就是雙重打擊！

由於我接受自己編造給自己的謊言，在社交上，我在高中時有很多糟糕的經驗。多年來，我為自己的樣子感到羞恥，即使我的臉上已經再沒有青春痘。

我不去相信在青少年時期長痘痘是正常的事，我反而接受了謊言。

為什麼我們對自己撒謊

通常，我們對自己說謊，比任何人對我們說謊都更糟糕。

我已經不記得有多少次，我從會議中出來，默默地責備自己說錯話、說得不夠多，又或者在我應該說的時候卻閉嘴，我的內心獨白很刺耳。

那是多麼的愚蠢！

你這人有什麼問題？

你應該處理得更好。

多年來，我相信我編造給自己的謊言，並試圖找出原因；我走進我的「倉鼠輪子」，一遍又一遍地問著同樣的問題。

直到我從「輪子」上走下來，直到那一刻，我才明白我一直試圖找出自己的錯誤。

與其弄清楚我為什麼對自己撒謊，我更需要學的，是改變我的觀點，並活出真實的自我。

應該去找出真相是什麼，而不是去問為什麼！

我的真相是什麼，而不是一直去問，我為什麼對自己說謊。

我發現了！

對真相的新看法

信不信由您，我們為什麼對自己撒謊並不重要。

我知道很多心理學家確實如此說。

重要的是，我們識別出我們所編造和接受的謊言，以便我們可以轉變觀點，並認清關於我們自己的真相。

「改變你看待事物的方式，以及你如何看改變中的事物。」韋恩・戴爾博士（Dr. Wayne Dyer）說。

這就是我所知道的真實情況：我們都是有價值的、無限的存在，能夠對我們的行為負上責任，並從錯誤中成長；我們值得被愛，同時，去愛的能力亦很強；我們真正的內心狀態是和平，幸福是我們與生俱來的權利；雖然我不知道如何永久讓謊言靜止下來，但我知道什麼會有所幫助──那就是我所創造的「快樂配方」。

無論您是在情緒高漲時拿出「緊急情況清單」，並且需要集中注意力，或是您有意識、有目的地去完成這些步驟，這些步驟能改變您為自己編造的謊言。

「快樂配方」讓您從專注於自己的思想或故事，轉而臣服於身體當下的感覺；只有這樣，才能改變您當下的感覺。

停止、保持靜止並臣服、轉移。

三個簡單的步驟。

它們是您獲得新視野、暫停負面故事情節，和改變方向所需

要的一切。

今天，當我認出一個謊言，並通過「快樂配方」幫助時，我看到了這個謊言的本質。

無須感到羞恥，無須自責。我明白它具有自我批判的本質；然後，我感謝它並繼續前進。

有時，我會取笑謊言並告訴自己恰恰相反的一面。例如若果我聽到自己這麼說：「我不夠好。」

我會轉過身來，從內心大聲對自己說：「我已經夠好了。」

很快，沉重感解除，輕盈感又回來了。

多年前，我承諾要說出關於我自己的真相，越多越好，代替相信謊言。我會告訴自己真相，並提醒我要善待自己，治癒過去、減輕壓力和振作自己的最佳方法就是「說實話」，說出自己的真相。

現在輪到您了

在《徹底的誠實》（*Radical Honesty: How to Transform Your Life by Telling the Truth*）一書當中，作者布拉德·布蘭頓博士（Dr. Brad Blanton）如是說：「自由是一種心理成就。只有誠實才能使我們自由。我們有不少人已經從骨子裡知道這一點，但我們總是不能鼓起勇氣去誠實。」

現在是您鼓起勇氣的時候，放下您為自己編造及信以為真的謊言。

首先，拿出您的日記，翻到空白頁，或者在以下寫下您的答案。開始問問自己：「我對自己編造和接受了那些謊言？」

在這些謊言中，它們有任何是屬於「雙重打擊」的謊言嗎？如果是這樣，請寫出其中之一：

情況：

結論：

雙重打擊：

　　確定它是哪種謊言。您對自己編造的謊言，例如「自我價值」、「限制性信念」還是「這不是我」謊言，哪些是假的？或者這是您接受關於自我結論的謊言？

　　好的，現在您已經確定了謊言，是時候轉變觀點並讓您的真

相呈現了。

寫下您知道關於您自己的一切，為您的真相插上翅膀。寫出來，直到您無法停止微笑。

列出您從講真話中學到的三件事：

1.

_____

2.

_____

3.

_____

您感覺怎麼樣？

_____

在這一點上出現強烈的情緒是很自然的，沒關係，就讓它們浮現出來吧。

不要將它們壓抑下或推到一邊；反之，拿出您的「緊急情況清單」，並選擇哪些您需要得到解脫的項目。

在這種情況下，哪些項目效果最好？

_____

_____

「你們必認識真理，真理必叫你們得以自由。」——《約翰福音》

第十七章

要快樂——就要無所強求

「快樂不是一個可追求的目標，而是好好生活的副產品。」
——埃莉諾‧羅斯福（Eleanor Roosevelt），美國前總統夫人

要快樂——就要無所強求。

此話聽起來像美國爵士民歌手麥克菲林（Bobby McFerrin）的曲調：「別擔心，要快樂，你是對的！」（Don't worry, be happy. I'm not worried.）

這首歌的名字來自印度精神大師美赫‧巴巴（Meher Baba）的一句話。

麥克菲林稱之為「一個藉四個英文字概括出來非常簡潔的哲學」，這啟發他創作了流行音樂史上可能是最陽光的曲調。

別擔心。

我同意！

然而，究竟如何才做到這一點？

關鍵是，無所強求。

每天的掙扎

每一天，我們每個人都有各種各樣的內心掙扎，尤其是那些我們以為會令自己快樂，以及實際上真正能令自己快樂的事情，我們會猶豫掙扎。

隨著您閱讀此書，您將會越來越明白到，我們努力「追逐」的，如操控別人、過去的事、假裝、成功模式和金錢等等，都是我們從前誤以為可以令人快樂的東西。

但事實並非如此。它們不會，至少不會令人長久快樂。

雖然您曾經相信身邊的人或事會令您快樂，但在內心深處，您知道真相——長久的快樂，不在於擁有某個人或某件物件。

「若果只吃一塊巧克力就足以讓我們感到開心，那麼我們餘

生就不需要再多吃另一塊了。」

我曾經聽過《瑟多納釋放法》（The Sedona Method）的作者黑爾‧德沃斯金（Hale Dwoskin）在一個視頻節目中如是說。

如果只需要一塊巧克力，那不是很棒嗎？那麼為什麼還要苦苦去追求多一個假期、多一雙鞋、一份更好的工作、一個更愛自己的伴侶……

通過閱讀這本書，您知道這樣的思考方式只會使您追逐更多、更多，就像癮君子需要再多一次一樣。慾望不會停止，再多也不可能滿足我們，無論如何，它給予我們的滿足不會長久。

追逐某件事本質上並沒有錯，如果追逐會令您快樂。

什麼？

聽起來我在細微末節中糾纏。我知道，我知道。

這會有所幫助的。

無所追逐

我是心靈出版社亞伯拉罕‧希克斯（Abraham-Hicks）的網絡廣播的粉絲，我聽了很多，發現它十分令人振奮和發人深省，以下一個特別的故事就能說明我所指：

一天，心靈傳導者埃絲特（Esther）心情愉快，就去公園吃午飯。在公園裡，她坐在長凳上享用她美味的三文治；她很高興，完全臨在，並為她身邊的一切感到高興。

環顧四周，埃絲特想知道，其他人是否都感到快樂，和像她一樣享受公園的一切。

有些是，有些不是。

埃絲特注意到公園裡有兩種人：一種是真正快樂和享受在公園時光的人；而那些特地來到公園裡，希望公園能讓他們感到快樂的人，則不怎樣快樂。

現在清楚了嗎？您看得到箇中的差別嗎？

無所追求與有所追求。

埃絲特什麼也沒有追求。那刻，她臨在，對眼前的一切心滿意足；在公園是她當下「幸福波頻」的自然延伸，她沒有追求任何東西，她置身在那裡，是因為她本身已經很開心了。

這就是什麼都不追求的意思。正如亞伯拉罕・希克斯所說：「快樂是處於一種狀態，一種接納、開放、當下的狀況，接納『如其所是』的狀態。」

幸福從您開始

我知道這個。

您也知道這個。

只是頭腦上不懂亦不能做到。

相反，大腦會欺騙您，相信快樂或幸福就在「某個未來」的「某個地方」，並令您相信，您先「要做這個」和「要做那個」。

待我打掃完房子，我就可以放鬆了。

若果我能完成這個項目，那麼我就可以和家人共度時光了。

疫情結束後，我會開始吃得更好並鍛煉身體。

我會開心……當……

我會開心……若果……

當我賺更多錢時，我會很高興；若果我得到加薪，我會很高

興；若果我能減肥，我會很高興；當我買到一輛新車時，我會很高興。

任何未來的幸福，其實都是「腦袋的承諾」。

當下的快樂才是「智慧的覺察」。

「一旦你知道困擾你的是你自己的心，而不是其他人，那麼智慧曙光就會初現。」印度靈性導師詩麗‧詩麗‧若威‧香卡（Sri Sri Ravi Shankar）如是說。

把快樂放在首位

快樂只存在於當下，不存在於未來。

您不需要通過做某事、得到某樣東西，或體驗過某種經驗來得到快樂。

快樂就是現在。

快樂是第一位的。

在當下感受快樂，如其所是，無論是什麼。

即使您現在所經歷的很糟糕，在當下尋找某些令您感覺良好的事；然後，按照自己的方式達至快樂的頻率。當您這樣做的時候，快樂就不再是未來的目的地，也不再需要靠外在的人事物，才能讓自己感到快樂。

然後，它將成為一種生活方式。

一、察看情況

二、停止並保持靜止

三、拿出專屬的「緊急情況清單」，去做任何可以讓自己的振動頻率向上提升的事情。

表達感激和欣賞，然後轉移您的觀點。

不去脅迫別人

當您找別人為您的快樂幸福負責時，這是多麼可怕的負擔。

我敢肯定，當您小時候，父母也曾表達過他們對您的失望；而作為一個成年人，當您沒有達到別人的期望時，您知道那感覺有多糟糕。所以，不要把這種責任、「負擔」放在任何人身上，不要脅迫任何人，不要以此俘虜別人。

新世代思想家邁克爾・貝克維斯（Michael Beckwith）提醒我們：「在每個環境或時刻，你都處於一個選擇點。」

「生活中發生的事，只有百分之十是真實發生在你身上，其餘百分之九十是由你的反應所衍生出來的。」福音派牧師查爾斯・史溫道爾（Charles Swindoll）如是說。

「人們如何對待你是他們的業力，只有你的反應是屬於你的。」美國靈性作家韋恩・戴爾博士（Wayne Dyer）宣稱。

我喜歡最後這一句！

不要脅迫別人。

讓別人做他們真實的自己。

釋放他們，不要冀望別人令您快樂。

允許他們做回自己。

正如我的孩子對我所說：「我來做我，您做您自己。」這可能是我聽過最好的人生建議——來自寶貝們的嘴巴，它簡單清晰易明。

幸福取決於您自己。

我的故事

年初，我的家傭通知我要辭職，她是協助家務的住家傭工，做飯、買菜、照顧孩子和其他家頭細務。

家傭，在香港很常見。

我的家傭瑪爾塔是我們家庭的重要成員，也是我們不可或缺的一部分，家庭要運行順暢，很依賴她。

所以，可以想像到當瑪爾塔通知我，她一個月之後就要離開時，我是多麼的震驚！

起初，我感到十分狼狽。

沒有她我怎麼辦？哪裡找時間僱用和培訓新人？她和我們已經一起六年了，我的孩子們很喜愛她，一生也不想失去她！

我的思想欺騙了我，相信沒有她不行，我需要她留下來。

因此，我匆忙地告訴她，我們多麼需要和感激她。我對她說了一大堆的讚美，甚至告訴她男孩們會多麼想念她，試圖讓她感到內疚。

讀者們，當我的頭腦發熱時，是很可怕的。

值得慶幸的是，瑪爾塔堅持自己的立場，她立定主意，她要離開了。

她離開房間後，我深深吸了口氣，然後拿出我的「緊急情況清單」。沒多久，我一點一點地沿著振頻階梯向上攀升，很快，我感覺平靜下來。

在我的腦海裡，不是想辦法誘使瑪爾塔留下來，而是由衷地為她所做的一切感到感激。

「我會做我的，您做您的。」

我沒有反對她的決定並追逐她，而是集中自己的注意力，讓她走並對現實感到高興。

不要脅迫。

放鬆。

讓上帝，您更高的力量、宇宙，或者不管您怎麼稱呼它，從這裡將它拿走。

對現實感覺滿意

學習如何對現實感覺滿意，並不意味著滿足於減少或放棄您自己的夢想。

這意味著您對已經擁有的和您愛的人感到高興；換句話說，不要期待未來的某事或某人會令您感到快樂、被愛、安全或滿足；立足當下，尋找現在生活令自己開心的事情。

與其渴望別的東西，不如珍惜您所擁有的；與其對抗環境，不如接受它們的本來面目。

美國心靈導師布萊恩．魏斯（Brian Weiss）博士斷言：

「幸福是發自內心的。它不依賴於外部事物或其他人。當您的安全感和幸福感依賴於其他人的行為和行動時，你會變得脆弱和容易受傷。」

親愛的讀者，您想要的就在您裡面。從對當下的事情感到滿意開始，和平、愛、喜悅、幸福、滿足、歸屬感，您真正想要的都已經在您裡面了。

專注於您自己的內心，只有這樣，「超越別人所能理解的平安」才會屬於您。

檢測快樂

我最喜歡做的事情之一，就是檢測自己的快樂。一天好幾次，我通過問：「我感到快樂嗎？」來進行快樂檢測。

從頭到腳，我深入內心掃描自己，檢查兩個口袋：一個是快樂的口袋，另一個是我身體內儲存了停滯能量所造成的繃緊。

在我感到滿足和幸福的地方，我微笑著並用鼻子吸納空氣；而當我在什麼地方找到一袋被困的能量時，我會從嘴裡呼氣並讓它釋放出去。

這個練習幫助我整天保持專注，促進平靜與安寧。雖然只需要幾分鐘，但它的好處是持久而深遠的。

乘風破浪

如您所知，我的家人喜歡去海灘。我記得當我的孩子們決定要學習衝浪時，我和丈夫給他們報名參加課程，並站在一旁，看著他們學習如何「跳上」他們的衝浪板。

我們屏住呼吸為他們打氣，因為他們一次又一次從衝浪板試圖站起來。兩個孩子花了幾天時間才掌握了竅門，當他們嘗試在衝浪板上保持平衡時，他們笨拙地多次摔倒了，身邊許多的朋友為他們揮手加油。

就像「搖晃但不會倒下」的不倒翁一樣，我的孩子們最終集中注意力，跳上他們的衝浪板，並學會如何乘風破浪。

這就是您開心時的感覺。

當您自我檢查並意識到自己不開心時，您可以隨時跳上您的

心靈「衝浪板」，然後努力讓自己返回穩定的中心，然後就可繼續乘風破浪。

這就是為什麼您的「緊急情況清單」如此重要，它可以幫助您在摔倒之後，能重新回到衝浪板上；您的「緊急情況清單」可以幫助您逐步攀升上您的振動階梯。

這樣，您就再也不會依賴於身外的某人某事，來令您快樂或感覺良好，您可以自己做到。

現在您知道為什麼，埃絲特不需要在公園追逐什麼來令她開心，她已經很開心了；她已經在自己的心靈衝浪板之上，乘著快樂的浪潮，在公園裡保持臨在，其實已是提升快樂波頻的一部分了。

最後的想法

孩子們是非常聰明的。不可思議的是，他們知道在您最需要的時候該說些什麼。

我的大兒子當然就是這種情況。

大兒子從小就不喜歡我心煩意亂。當我心煩意亂的時候，他會要求：

「媽媽，開心就好！」

有時，就是這樣單純簡單的一句話，就可以令我保持靜止和轉變；而在其他時候，當我的情緒太激動時，我會大發雷霆：「你想讓我快樂？當你執拾好你的房間，我就會快樂！」

真的，曾經有一段時間，我以為如果我的孩子們按照我的意願行事，我就會感到快樂；當然，我現在更清楚了不是這樣。您

也是。

這個故事的重點是想提醒我們，「快樂配方」是一個過程，雖然它會帶您遠離熾烈的情緒到一個平靜、涼爽的中心，但它不會讓您瞬間跳到那裡，您必須一步一步地完成這些步驟。

正如美國哲學作家拉爾夫·沃爾多·愛默生（Ralph Waldo Emerson）提醒我們：「人生是一段旅程，而不是目的地。」

「開始關注思想帶來的感受，而不是思想的內容本身。」那是心靈作家亞伯拉罕·希克斯（Abraham-Hicks）的明智建議。

第一步：察覺

第二步：停止並保持靜止，臣服於您的感受。向內走，沿著振頻階梯向上攀升。

第三步：轉移

最重要的是，對自己溫柔一點。

您的「緊急情況清單」是用來撲滅火焰的；「快樂配方」在這裡可以幫助您重新彈起，並回到中心。當您快樂時，您也會給周圍的人帶來快樂。

現在，去吧！

「靈魂有光，人就有美；人有美，家裡才會和諧；家裡和睦，國家就會有秩序；國家有了秩序，世界就會和平。」—— 中國諺語

第十八章

以「荷歐波諾波諾」進行和解與寬恕

「荷歐波諾波諾」（Ho'oponopono）是古老的夏威夷智者（Hawaiian Kahuna）用於和解與寬恕的實踐工具與心法。

Ho'opono 的意思是正確，由兩個詞組成，意指 ho'o「使」和 pono「正確」；在最後添加一個額外的「pono」，意味著雙重正確，使自己和對其他人。

我第一次從心靈導師瑪西・許莫芙（Marci Shimoff）和黛布拉・波尼曼（Debra Poneman）主持的「2017 年奇蹟計劃」那裡學到這項實踐，它對我來說效果很好，是我最喜歡的「緊急情況清單」的心法之一。

「荷歐波諾波諾」是夏威夷一種淨化靈性的心靈修煉法，箴言主要只有四句：「對不起」、「請原諒」、「謝謝您」、「我愛您」。藉此心法可以消除心中的怨憤，恢復原來的平靜，獲得內心無限的自由、豐盛感和幸福。

錯過渡輪

我跟我的小兒子已經有一段時間沒有單對單的相處了，於是，我們早一晚決定明天乘港外線渡輪到港島，並在他最喜歡的一家餐廳吃午飯。

第二天，我早早起床，迫不及待地開始工作，可是小兒子還賴在床上，相信您們也知道青少年是多麼喜歡睡懶覺！

中午，他竟然還在睡覺！

這時候，我很沮喪，整整一個上午都在等他醒來，他卻選擇利用我們寶貴的「親子」時間來睡覺。

終於，一個小時後他才醒來，跌跌撞撞地走進廚房並宣佈：

「我需要一個淋浴,我們搭下午 2 點的渡輪。」

當時我很生氣。

下午 1 點 50 分,小兒子從臥房出來準備出發。我們必須跑到碼頭——我並不熱衷於這樣做,但唯有這樣才不會錯過渡輪。

我氣炸了!

你就是這樣對待你母親嗎?

你怎麼能這樣對待我?

我等了你一個上午,你現在還指望我跑到碼頭?

我不想這樣!

就在這時,我「看」到了正在發生的事情。我停下腳步,回到自己的房間,閉上了眼睛;「只是停下來,保持靜止。」我告訴自己:「感受並臣服於這些感受。」

當我安靜下來時,我開始放下由我頭腦創造出來的故事及情節;我使用「荷歐波諾波諾」來釋放內心壓力,並沿著振頻階梯往上攀。

一旦我改變了我的觀點,我走回客廳並為猛烈抨擊我的小兒子而道歉;我們慢慢步行到碼頭,乘坐下午 2 點半的渡輪,然後共享了一頓遲來的美味午餐,和一起共度的時光。

我當時花了 15 分鐘才從紅色、熾烈的情緒轉變為平靜、冷靜,我很高興我做到了。

若果我沒有「察覺」並「停止」我正在做的事情,我猜我的叫喊聲會升級到令小兒子不安,甚至生氣,最終還會反過來跟我對峙。

當然,事後看來,若果我在自己大發雷霆前就開始應用「快樂配方」的話,我一定已採取其他的行動,亦不會開始歇斯底里

地叫喊。

來自 LinkedIn 的邀請

有天，我收到了來自某位舊朋友的 LinkedIn 邀請，我稱她為 Mia，由於幾年前我跟她私底下有點磨擦，所以我漠視並刪除了她的第一次邀請。我感到奇怪，幾個月後又再次收到她的第二個邀請，為什麼 Mia 要跟我聯繫？根據過去發生過的事情，我無法想像她為什麼會這樣做。

在思考這個問題的時候，我發覺原來自己還沒有完全處理好過去的事情；雖然，當時我以為我已經處理好。

那麼，為什麼 Mia 的 LinkedIn 邀請，會讓我感到困擾呢？

多年來，我學到，當過去的傷害回來時，是時候更細緻地察覺它們。在馬修娜・德利瓦約（Matshona Dhliwayo）的《靈感小書》（*The Little Book of Inspiration*）中，他談到了機緣：

「當機緣來臨時，悲觀主義者撥打 911。當機緣來臨時，樂觀主義者會擺好桌子。」

我想是時候擺好桌子，打開 Mia 的邀請函了。

我注意到的第一件事，是她有了一個新職位，更有聲望——在一間新的公司。

我的頭腦發瘋了！我心中合理化她發送第二次邀請的唯一原因，就是她想吹嘘她的新職位；她其實並沒有興趣跟我聯繫，她只想向我炫耀——看看我，我多厲害！

相信您還記得，我從小就相信「自己不夠好」，我所做的一切都不夠好；那是我生命中盲目去追逐的主要驅動力，驅使我永

遠不會滿足並總要追求更多。

有了這麼多年積累的負能量，很自然地，是時候去清除我這些「我不夠好」、「我不夠好」的雜音，以及阻塞我身體的負能量。

我一看到那個邀請，頭腦就忙著編寫情節。於是，我「停」下來，變得靜止並向內看，尋找阻塞住能量的位置，並感覺它就在我的太陽神經叢附近的某個地方；感覺太激烈了，我當時感覺到我的心好像在燃燒！

我把注意力集中在那裡，將困住能量的區域逐漸以呼氣紓解，正如我所做的那樣，我看到記憶片段掠過我的腦海，然而我學懂不去停下來檢測它們，只是讓那些由我頭腦編出來的情節掠過。

當我向這一切臣服時，我意識到，在責備和抱怨的情緒千層糕底下，其實我暗地裡嫉妒 Mia，她有了新工作，她在職業階梯往上爬升。

我沒有過多地關注這個發現，而是開始做「荷歐波諾波諾」，來幫助我正確理解我自己，以及與 Mia 修和。很快，我就在振頻階梯逐漸攀升，轉移到了一個全新的看法。

然後，Mia 再次成為我餐桌上的客人，我感謝她的到來，並感恩她給我和解與寬恕的機會。

親愛的讀者，多少次我們無意中傷害了別人，然後為此感到內疚？「荷歐波諾波諾」是一種如此有效的心法，因為它不僅支持和解與寬恕，同時也可以幫助我們擺脫內疚的餘燼，這團死灰隨時會復燃並消耗我們，無休止地延續痛苦的循環。

當您經常練習「荷歐波諾波諾」時，您會結束「銜尾蛇的痛苦循環」，這痛苦循環令我們感覺與所愛的人，猶如活在兩個不同的世界。

「擁抱變化，這意味著你會轉向更好的事物。」──拜倫凱
蒂（Byron Katie），《一念之轉》作者

第十九章

以靜觀來保持平安寧靜

冥想或靜觀已有過千年的歷史，它所需的技巧很簡單，而效能卻十分持久。它能減輕壓力，提升寧靜、大腦清晰度以及幸福感，任何人都可以練習。雖然靜觀有很多不同的風格，但您選擇練習哪一種並不是最關鍵，最關鍵的，是最終的成果。

我每天都有練習靜觀，是跟從機構「生活的藝術」（Art of Living）學習稱為「自然三摩地」（Sahaj Samadhi）的冥想，我每年亦會進行禪修靜坐。對我來說，靜觀或冥想最大的好處，是它讓我的頭腦平靜下來，並感受到一份「內心深處」的平靜。

在日常練習以外，每當我察覺到我的大腦在編造故事，並因此出現批判思維，令腦袋變得像瘋猴子的時候，我也會即時讓自己進行靜觀。

香港演講會

2017 年，我加入了「香港演講會」（Hong Kong Toastmasters Club）俱樂部。我不僅想學習如何成為一名更具自信的演講者，亦希望藉此建立網絡和結識新朋友。

「香港演講會」俱樂部每年都會舉辦一次演講比賽，第一名能晉級到區域層面比賽，獲勝者然後又再晉級到更高的區域，最終可前往成都再下一城。

雖然我是俱樂部的新手，但我也希冀能去內地更高區域比賽，跟更廣大的觀眾分享我「停止追求」的訊息。

我慶幸能在香港俱樂部的級別獲勝，可以晉級區域比賽。

區域比賽當晚，我走上演講台，集中精神，全力以赴，我頗有信心我能獲勝。

直到下一位參加者站到演講台上。

一開始，安迪的演講就吸引了觀眾的注意，他有很好的技巧和精彩的演講稿。

安迪果然贏了。

雖然我也做得很好並獲得第二名，但當刻我知道冠軍不屬於我的時候，我完全洩氣了。那一刻，我的批判性思維又在我腦內炮轟，並開始對我「餵食」著各種的廢話：

你在想什麼？你不夠好，從來都不夠。安迪更加光彩奪目，他的手勢有型有格，也很有趣，你不是。看，你不配去總決賽。

那一刻，當我看到「我的腦袋」又對自己炮轟時，我很快就靜止下來，並把注意力放到我的身體，感受著自己的悲傷。沒多久，我知道，我在悲傷中也應該要感恩這個處境，給予我的體驗和學習，於是我平靜地說：「謝謝祢。」

謝謝祢給我的功課。

謝謝祢給我的機會。

感謝上帝，我知道這背後有積極的一面。

回家路上，淚水從我的臉上滑落，儘管如此，我還是說：「謝謝祢，相信一切都是為了我更高的利益而發生。」

當我回到家時，家人很想知道發生了什麼事；我強忍著淚水，直接跑到我的房間。在那裡，我關上了門，查看我的「緊急情況清單」，我選擇了靜觀來給我更大的平靜力量。

大約 10 分鐘後，我擺脫了批判的心態，並感到一份強大的寧靜。

我的心情慢慢攀上了高振動頻率階梯，並從躁動的情緒，轉化為平靜；我感到很平靜，也為安迪感到由衷的高興。

然後我走出臥室，鎮定自若，並與家人吃了一頓美味晚餐。我跟家人談論比賽的事情，甚至為此事笑起來，更好的是，那天睡覺時，我感謝那次經歷，並為結果而感到高興。

翌日，我接到了「香港演講會」俱樂部主席 Joy 的電話：

「Elaine，妳能猜到嗎，由於安迪有事不能去成都，而妳是第二名，所以由妳自動補上。妳要準備出發了！」

我簡直難以置信，這事竟發生在我身上！

正當我放下想去成都參賽的想法時，參賽的機會卻回來了。

我毫不猶豫地說：「好呀！」

雖然我最終沒有在成都區域賽獲勝，但我得到我想要的──在更廣大的觀眾群面前，分享自己「停止追逐」的機會。

雖然我不知道靜觀是否改變了我去成都的結果，但我知道，靜觀對我內心獲得平靜有著因果影響。若然沒有進行靜觀，我相信我整晚都仍在繼續著自我指責、抱怨和感到沮喪；我會錯過與家人一起共享晚餐，我會用瘋狂的、捏造的想法去折磨自己，並剝奪了我一夜好眠的機會。

我慶幸自己能用靜觀來讓思緒平靜下來，擁抱並接受事物當下的本來面目。

「當你祝福別人時，好事就會回到你身上。這是自然法則。」── 印度古儒吉

第二十章

以中央管道呼吸保持平靜自在

我從「生物能量療法」（Cherry Health Plus）專家蘇‧莫特博士（Dr. Sue Morter）那裡，學會如何使用「中央管道呼吸」（Central Channel Respiration）來讓我的思想平靜，並與我的身體連結。這是一種很棒的技巧，在我們的腦袋發熱，很難直接思考的時候就最管用。

以下是蘇‧莫特博士對「中央管道呼吸」的解說：

「有一條管道貫穿在我們的身體中央，它甚至是神經系統在子宮內發育之前，就已經存在；這條管道從頭頂穿過頂輪，再向下穿過大腦的中心、喉嚨的中心、胸部的中心，向下穿過腹部的中心，再向下穿過骨盆並直接落入到地面。」

如何？

通過「中央管道呼吸」，想像一下，您的能量就是通過此管道上下移動的。

通過鼻子呼吸，想像呼吸從頭頂兩吋處開始，並有意識地吸氣，通過大腦的中央，通過喉嚨進入心，進入腹部；吸氣，做的時候讓肚子變大，然後直接穿過這個中心呼氣，並直接將呼氣進入地面。

然後再從地面深深吸氣，從地面開始一直吸到腹部，然後從胸部開始呼氣，通過大腦、喉嚨、最終到頭頂，從人頭頂兩吋處呼出來，這樣完成一個循環。把您的想像力和注意力，放在這條中央管道，這樣可以打通管道，讓我們更專注與平靜。

「中央管道呼吸」是一種很好的方式，讓自己做重要的決定之前，能夠讓自己更安住內心。

我丈夫出事了

一個美麗的秋日，我接到丈夫的電話，我可以從他的語氣中聽到他出事了。

他致電給我時，我正在愉景灣購買早餐麥片，我們距離很遙遠。他站在中環行人天橋中間，突然，他的膝蓋一軟，隨即就倒在地上，再也無法自己站起來。

他需要幫助！我立刻離開超市，叫了一輛的士，然後飛快地趕到他所在的位置。

我的思緒，因聯想到許多未來的厄運和陰霾而發瘋，一股「假若……怎辦」的浪潮淹沒了我：

若果發生嚴重的事情怎麼辦？若果他需要動手術怎麼辦？若果他不能走路怎麼辦？

若果他不能工作怎麼辦？若果我不能把他從橋上抬下去怎麼辦？我將如何應付？

就在那時，我看到我的思緒在飛速運轉，我知道我需要停止腦子裡的情節，保持靜止，並臣服於我的感受。若然我以驚慌失措的狀態到達行人天橋，我知道不會對他或自己有所幫助，尤其是需要作出重大決定的時刻。

當的士司機在車流中穿梭時，我察看了我的「緊急情況清單」，並想到「中央管道呼吸」正是當下讓我頭腦恢復平靜的法寶，於是我立刻拿出來使用……

吸氣，我從頭頂吸氣，將它引導到我的大腦中央，我的喉嚨、我的心臟，然後進入我的腹部；呼氣，我直接引導呼吸進入地面。沒多久，我已經感覺平靜得多了。

我繼續專注於當下，並透過使用「中央管道呼吸」讓我安住內心，以及清除我腦海中的雜音。

當我到達中環行人天橋時，我的丈夫正在等著。一個善良的陌生人扶了他起來，並一路扶持著只能蹣跚走路的他；我們一起把他扶進了的士，然後去了一家私家醫院。

兩個小時後我們回到家裡，我丈夫拄著枴杖，膝蓋的問題穩定了；而我，仍然平靜並能安穩住內心。

「從你所擁有的，從你所在的地方，做你能做的。」── 西奧多‧羅斯福（Theodore Roosevelt），第 26 任美國總統

第二十一章

為了寧靜

放下操控

由於我在一個中國家庭長大，我知道要成為一個「好」女兒背後意味著什麼。表面上，我是一個模範中國人女兒；然而，在內心深處，我是一個叛逆者。早年，我發了三個誓言：

第一：我的父親是一名律師，因此，我發誓永遠不要成為一名律師。除了是基於心底裡對父親的叛逆，我相信有一小部分的我，不相信自己有成為律師所需的聰明和才智；所以，與其去發現自己是否有足夠的聰明能力成為律師，我倒不如發誓永遠不會成為律師。

第二：我的父母有一段充滿責任和義務的婚姻，所以，我發誓永遠不結婚生子。不是看不到婚姻和養育孩子的美好，只是我當時不想承擔結婚生子背後的責任和義務；所以，我當時發誓永遠不要結婚生子。

第三：在大學，我踏上工商管理的軌道，在選擇專業之前，我必須選擇核心科目，例如財務、會計和市場營銷，才能了解自己的傾向與喜好。會計的作業太多了，因此，我發誓永遠不會成為會計師。

然而，今天的我擁有一個法律學位。

我也是註冊會計師。

我結婚了，有兩個兒子。

跟我的誓言，是多麼的背道而馳！

我體會到——為了錯誤的原因而發誓做某些事情，這不會阻止我們邁向「命中注定」的道路。

我們所做的事情和我們的經歷，看似是隨機，然而當我們回頭看，您自會明白到，那些看似隨機的一點和另一點，其實是如何緊密地連結起來的。

蘇格蘭的激流漂筏

有年夏天，我們一家人去蘇格蘭度假。我的丈夫在蘇格蘭長大，很了解該地區，並希望我們一起去激流漂筏。

當我們在木筏上就位時，我們的漂筏嚮導仔細跟我們做好安全檢查，並告知我們若從漂筏上掉到激流時，應當如何反應。

你要翻轉過來。

像翻轉的烏龜一樣，把雙手放在胸前。

放鬆，順其自然。

「不要逆流而上，也不要試圖抓住任何東西。」他警告說：「讓河流帶著你走，最終，你會抵達平靜的水域。」

親愛的讀者，這不是一個絕妙的人生比喻嗎？

不要掙扎，要快樂。

在人生的河流中，當您順其自然時，一切都會好起來——要知道，當出乎意料的事情發生了，平靜的水，最終會在那裡等著我們。

這就是我所學到的——接納人和事的本來面目，就是漂浮於「人生之河」最好的方式；拚命逆流而上，只會令人筋疲力盡和虛耗您的體力；順其自然，您將精神煥發地漂浮到達目的地，並準備重新出發。

「有時放手比捍衛或堅持，是一股產生更強大力量的行動。」——埃克哈特・托勒（Eckhart Tolle），加拿大心靈導師

第二十二章

盡力教養　懂得放手

當我們的孩子出生時，神奇和令人不安的感覺同時出現。從我們的寶寶依偎在自己手臂上那一刻開始，我們感受到作為父母的責任全部重量時，我們同時驚嘆於所創造的新生命。

成為父母並不是單一的一件事。

這是一代人的事。

當我們成為父母，我們對育兒有著自己的信念，並從上一代如何養育自己的經驗中，留下記憶的烙印；我們把幾代父母的美好願望、意圖和期望，都寄託在我們新生的嬰兒身上。

我們還在孩子身上堆疊了幾代人的責任、內疚和遺憾。

我們想要比父母那一代養兒育女的工作做得更好——即使他們已經做得很好！

正因如此，我們會變得過度關注、過於挑剔，並大量在孩子的生活上投放資源——尤其是若果您也是像我這樣的一位「虎媽」！

惡性循環

父母堅持不可能達到的標準，甚至以更高的標準去要求他們的孩子。

作為父母，我們對孩子的期望，是基於我們怎樣定義什麼是好的教養。這些期望也指引著孩子如何地表現和行動，不僅要他們成為世界上有建設性的公民，更加是為了反映我們那一代是負責任的父母。

有一個乖巧的孩子就意味著，我們是一個好父母；反之，當我的孩子表現得不好，這就意味著我們做錯了什麼。

當孩子沒有做到我們期望的事情時，我們會責怪他們，然後會因為自己作為父母做得不夠好而內疚；我們會把孩子的缺點，背負為自己的責任，會為自己做得不夠好，或者花在孩子身上的教養不夠而感到遺憾。

這使孩子和父母陷入行動與反抗的惡性循環，每個行動又會增添一層反抗，就像「銜尾蛇」咬著自己的尾巴一樣，成了一個無窮無盡的惡性循環。

我們責怪，孩子就哭。

當我們感到內疚，孩子就疏遠我們。

當我們感到遺憾，並加倍猛烈抨擊，我們的孩子就更加反叛。

這是一個惡性循環，傷害我們的孩子和我們自己。

在孩子與父母之間劃出「健康界線」，讓他們擁有自己的個人意志與抉擇，對父母來說是一項極大的挑戰，但這確實是作為父母所必須做到的事情。

孩子是獨立的生命個體，當他們將要長大成人的時候，他們本能地知道什麼適合自己，什麼是他們需要的。正如美國兒童心理學家蘇斯博士（Dr. Seuss）所說：「一個人就是一個人，不管他們年紀是多小。」

成長中的孩子

隨著我的兩個兒子年齡漸長，他們自然而然地反對過度監管，以及我給他們的各種框框；他們想要自己做決定，若然有後果，就自己從後果中學習。

這聽起來很合理，對嗎？

但是如何做到這一點而不感到內疚呢？

有天，我問我的「身心語言程式學」（NLP）導師 Talis Wong：如何做到這一點？

他給我以下的比喻：

您去市場買橙子，為了尋找最好的，您東翻西找把最好的找了出來，並去聞聞哪一個又香又甜。

最後，您發現六個橙子符合您的標準。您把它們放在袋子裡，付完錢就回家去。

您一直想著這些美好的橙子，以及您的家人是如何喜歡吃它們。

回家後，當您將它們從袋子中取出時，您注意到其中一個橙子有被壓過的痕跡。當您輕輕按下時，它凹陷下去。「嗯！嗯！」您無奈地說：「橙子看起來都像要變壞了。」

什麼地方出了錯？

沒有什麼！

當您去市場時，您做了您最好的選擇；在這種情況下，您已經盡了力。

那麼，為什麼還要為自己盡力做到最好而責怪自己呢？

可悲的是，當孩子在可能的範圍內已經做到最好，許多父母還是覺得自己教養得不夠好，他們還是會自責；父母也會過於自我批評，當孩子沒有按他們的期望去做時就大發雷霆，然後又會感到內疚。

各位家長，我們必須打破這個惡性循環。

這就是我想讓您們知道的──您們已經盡力而為。

當事情沒有按您們的計劃發展時，您們還是要對自己溫柔。

放下內疚和自責，使用您們的「緊急情況清單」，轉移、透

視並繼續前進，這樣才不會延續這個痛苦循環。

　　只有這樣，我們一代接一代的「教養痛苦」才得以終止。

　　「你只需要笑幾聲，就能讓一大堆好東西進來。

　　你只需要幾個吻，就能讓一大堆好東西進來。

　　你只需要稍微鬆一口氣，就可以讓一大堆好東西進來。」——亞伯拉罕·希克斯（Abraham-Hicks），《吸引力法則》（*Law of Attraction*）作者

第二十三章

我的快樂修行日誌

在一天裡頭，您總可以做一些事情來保持專注和活在當下。以下是我經常會做的事情列表，深信對您也會有所幫助：

關注內心世界

早上，每當我感到緊張，我就會檢查我的內在感受，快速掃描身體內任何收縮緊張的部分，並立即處理它。我專注於緊縮的部位，透過緩慢的呼吸，令緊張的部位紓緩下來，從而讓整個身體都放鬆下來。

柔化您的心

我從心靈教練蘇珊・勞勒（Suzanne Lawlor）那裡學會如何柔化自己的心，您也可以在心靈作家米高・艾倫・辛格（Michael A. Singer）的著作《臣服實驗》（*The Surrender Experiment: My Journey into Life's Perfection*）中看到這個技巧的闡述：

「將您的手徘徊在您的心臟之上，感受心臟區域以外的空間。

現在，閉上您的眼睛，將您的注意力向內集中，從您的心臟區域外面，一直到您的心臟區域內裡面；最後慢慢地，放下您的手。

從那個心臟的空間，把能量穿過您的喉嚨，向上移動到您的頭部；然後，將能量轉移到您的胸部和腹部。請注意，在您的心臟內外之間沒有邊界；此外，心臟內外都是安靜祥和的。讓您的注意力回到您內心的空間，最後睜開眼睛，發現內心仍然靜止，這是和平的、安靜的、柔軟的。」

每當您經歷情緒波動時，請進入您的內心空間以獲得平靜。

在那裡，您可以掃描得到緊縮的能量，並向這些區域吸入空氣，直到您感覺得到鬆弛，得以和身心連成一線。

若果您已熟習這樣做，即使置身於公共場合，也可以輕易獲得同樣的效果；分別只是您做呼吸的時候可以是睜著眼睛。

您的內心空間就是「家」，對我來說，是聖經詩篇第 23 篇中所描述的「綠色牧場」。

一次聚焦於一秒

「一次聚焦於一秒鐘」這個方法是如此有效，所以它通常是我的「緊急情況清單」上第一個選項，因為它讓我的專注力得以快速提升。

當您處於緊張的情況，或要處理嚴重的情感痛苦時，這也是一種很棒的技巧；因為當您的大腦過度反應、想像出各種瘋狂的場景時，這一切會影響到您不知所措。

然而，您至少能處理「一秒鐘的當下」吧！

親愛的讀者，記住這一點──您總可以處理「一秒鐘的當下」。

一旦「察覺」到您的頭腦，開始朝著那條瘋狂的路上走，那就停止下來，保持靜止並向內走，重點是把注意力集中在您的內在與呼吸之上。

然後，對自己重複一遍：「只專注於這一秒，一次只集中於一秒。」

一秒又一秒的接連上去，您就能度過情緒的難關。

很快，理智就會恢復，您會感覺更平靜。

它如何變得比這更好？

新思想運動家黛布拉・波尼曼（Debra Poneman）教曉我提出：「它如何變得比這更好？」這個問題的價值。

當事情不按著自己的意願發生時，與其糾結於情況有多可怕，您可以問問自己：「它如何變得比這更好」吧！

問這個問題的妙處，在於它會讓我們暫時離開自己的左腦──邏輯思維的左半球，並進入大腦的右半球──這是好奇心之所在地。

當我們的好奇心被激發，大腦就會在我們全身釋放快樂激素「多巴胺」（Dopamine），從而讓我們變得快樂！這是一種讓我們重新掌控內心的聰明方法，這樣我們就可以意識轉移，並在振頻階梯向上攀升。

閱讀令人振奮的智慧之言

通過閱讀令人振奮的引語或諺語，來分散自己的注意力；您手頭上的任何的書本都可以。

閱讀和銘記令人振奮的金句，能更快地讓我們進行心智轉移。

例如，當我對別人的言行感到不安時，我會以美國心靈作家韋恩・戴爾博士（Dr.Wayne Dyer）最喜歡的名言來提醒自己：「別人如何對待我是別人的業力，我的反應才是屬於我的。」

當您需要放下感覺時

當我需要釋放和放手時，我喜歡參考由心靈作家大衛‧霍金斯博士（Dr. David R. Hawkins）開發，來自他的著作《放下》（*Letting Go*）的心法，那是我最喜歡的首選技巧：

「放手涉及覺知我們的感覺，讓它出現、讓它來、讓它去，以及讓感覺順其自然地來來去去，而不是要去改變那些感覺，或是對那些感覺作出任何的評斷。

這意味著：簡單地讓感覺在那裡，並專注於釋放它背後的能量。

第一步是讓自己的感覺浮現出來，不去抗拒、不去發洩，不需要害怕它、譴責它或批判它；這意味著放下評斷，並看到它只是一種感覺。

技巧是：要與感覺保持一致，並放下所有任何修正它的努力。

放下想要抗拒那份感覺的企圖，因為是『抗拒』本身令感覺持續不散。

當您放下抗拒或試圖改變這種感覺時，它會轉移到下一種感覺，並伴隨著更輕的感覺。沒有被抗拒的感覺最終會消散，因為感覺或情緒背後承載的能量亦會消散。」

當您感到憤怒或想批評時

嘗試告訴自己：「當我譴責時，我傷害自己；當我放手時，我就釋放自己。」

當您需要幫助時

有一年我們一家人去滑雪度假時，我在冰上滑倒並扭傷了腳踝。丈夫和兩個兒子立即過來把我扶起來並說：「八條腿走路總比兩條腿好。」

如此甜蜜的提醒！我們時不時都需要幫助；所以，我們可以呼喚上帝，叩問您的天使或心靈嚮導尋求幫助，並相信，當您伸出手時，祂們就在那裡。

若果有需要，就在今天，抓住一個好朋友；打個電話，允許自己尋求幫助。

心存感恩

每當您想到什麼事情有所感恩時，嘗試列出一張心存感恩和感激的清單；我是從新思想運動家黛布拉‧波尼曼（Debra Poneman）那裡體驗到感恩的強大力量！

當好事發生時，說聲謝謝！遇到不好的事情時，還是要說聲謝謝！感謝老天、宇宙或任何更高智慧的力量，並謝謝祂們的教導，以及賜予任何我們值得學習的功課。

繼續熱烈的感恩，直到您因感恩而感到飄飄然。

「您越是欣賞和為自己的生活而歡慶，生活中值得歡慶的事情就越多了。」——奧花‧雲費（Oprah Winfrey），美國電視名嘴

附錄

「快樂配方」概述：
從覺察、靜止到轉移

　　您一旦感受到負面情緒，看看您正在經歷著什麼的體驗？停止我們內在的「瘋猴子」所編造出來的故事，保持寧靜並臣服於您自己的感受。

　　留意您感到身體內緊縮的那個部位，您是否感到胸悶、前額有壓力的感覺，或者您的胃裡有緊縮感？

　　將注意力集中在那個區域，並透過深呼吸和將您的呼吸引導到那個區域。

　　「快樂配方」就是幫助我們，「放下」那份對當下發生事情之「抗拒」；在您感到平靜之後，您就可以開始攀登振動頻率階梯。

第一步——覺察

　　「覺察」意味著，能意識到我們內在的情緒之火，我們不能把火焰撲熄，直到自己「覺察」並確定到火的源頭，以及它在我

們體內的哪一個位置。

第二步——停止並保持靜止

停止並保持靜止意味著，阻止我們的思緒試圖弄清楚及衝動地去解決問題；停止「瘋猴子」所編造出來的故事，保持靜止並臣服於我們當下的感受。

請記得，我們的「頭腦」時常處於「回憶過去及預測未來」的狀態，而我們的「身體」則更容易停佇於「當下」；因此，盡量保持停止和靜止的狀態，以防止我們的思想忙於糾纏於過去的故事，或為未來而擔憂；通過讓自己「靜止」下來的練習，就能以靜止方式來「打破」我們常糾纏於過去與未來的習慣。

一旦您能靜止下來，檢查您的身體並感受一下，哪裡有緊縮的能量，它在您身體的哪個部位；然後通過呼吸，把緊縮的能量釋放出來，好讓您的能量重新自由地流動。

當我們做此靜心的時候，不要做任何的判斷，反而可以跟自己說：「我很好，一切都很安好。」

第三步——轉移

轉移是開始登上「振頻階梯」，並攀升到更高的振動頻率；就像美國靈性作家亞伯拉罕‧希克斯（Abraham-Hicks）常愛說的：「登上您的『軟木塞』浮在水面上的地方。」

攀上振頻階梯的這個轉移，是會因人、因情況而異；這就是為什麼規劃適合自己的「緊急情況清單」，是如此重要和有幫助！

有時，最能夠促使轉移的是「感恩」；其他時候，通過「愛」也會加速轉移。若果某人對您做了一些事情，令您處於心煩意亂的情況，這時，「寬恕」別人實際也能夠讓您轉移，這樣您就可以轉移到更高的振動頻率。

當您開始能「同情共感」，並開始「覺察」時，您就會知道您的「軟木塞」正在擺動；您開始明白，讓您心煩意亂的事情是一份禮物——一份以「獨特的方式」彰顯出來的「禮物」，而您，最終還會感謝那份禮物！

感恩帶給人的能量非常強大，當您對那份收到的「禮物」心存感激時，您會開始對令您痛苦的人或狀況感到同情；最終，您將能夠原諒那個人或那件事。

通過這種方式，我們不再是思想的奴隸；反之，我們是「自己思想的主人」，我們的「軟木塞」會晃動，輕盈而自由地浮上去。

在和平與愛中前進。

要啟動開心。

開始，停止追求。

參考書目

緣起

1 Lisa Feldman Barrell, Ph.D., *How Emotions Are Made: The Secret Life of the Brain* (New York: Houghton, Mifflin, Harcourt, 2017), Kindle.

2 Ibid.

3 Stephen R. Covey, *7 Habits of Highly Effective People* (New York: Simon & Schuster, 1989), 299.

4 The Merriam-Webster Dictionary (2016), s.v. "Aha Moment."

5 Stephanie Vincenty, "Oprah Explains What an 'Aha Moment' Really Means," *Oprah Daily*, September 19, 2019, https://www.oprahdaily.com/life/a29090436/aha-moment-meaning/.

自序

1 Stephen King, *On Writing* (New York: Simon & Schuster, 2000), 249.

第 2 章

1 Joseph Campbell, Ph.D., *The Hero with a Thousand Faces* (New Jersey: Princeton University Press, 1973), Kindle.

第 3 章

1 J l ad-D n Mohammad R m, *Rumi Poetry: 100 Bedtime Verses* (Createspace Independent Publishing Platform, 2017), Kindle.

2 Phil. 4: 7 NIV (New English Version).

第 4 章

1 Nori St. Paul, "Naples Woman Devoted to Helping Save, Adopt Out Retired Greyhound Racers." *Naples Daily News*, July 18, 2015, http://archive.naplesnews.com/lifestyle/neapolitan/naples-woman-devoted-to-helping-save-adopt-out-retired-greyhound-racers-ep-1191319325-337527951.html.

第 5 章

1 Marci Shimoff, *Happy for No Reason: 7 Steps to Being Happy from the Inside Out* (New York: Atria Books, 2009), 132.

第 6 章

1 Tom Cronin, "The Stillness Project," accessed April 6, 2021, https://stillnessproject.com/about.

第 7 章

1 Ram Dass, "Being Love" *Ram Dass Foundation*, accessed April 7, 2021. https://www.ramdass.org/being-love.

2 1 Cor. 13: 4-7 NIV (New English Version).

3 Ibid., 13.

4 Yael Eylat-Tanaka, *The Book of Values: An Inspirational Guide to Our Moral Dilemmas* (Yael Eylat-Tanaka, 2014), chap. Gratitude, Kindle.

5 "Giving Thanks Can Make You Happier," *Harvard Health Publishing*, accessed July 13, 2021, https://www.health.harvard.edu/healthbeat/giving-thanks-can-make-you-happier.

6 Anne Lamott, *Plan B: Further Thoughts on Faith* (New York: Riverhead Books, 2006), 47.

7 Anne Lamott, *Traveling Mercies: Some Thoughts on Faith* (New York: Anchor Books, 1999), 134.

第 8 章

1 Reinhold Niebuhr, "Prayer for Serenity," Celebrate Recovery, accessed April 7, 2021, https://www.celebraterecovery.com/resources/cr-tools/serenityprayer.

2 Ps. 23: 1-6 ESV (English Standard Version).

第 9 章

1 Gareth Cook, "Why We Are Wired to Connect," *Scientific American*, October 22, 2013, https://www.scientificamerican.com/article/why-we-are-wired-to-connect/.

2 The Merriam-Webster Dictionary (2016), s.v. "Self-Worth."

第 10 章

1 Aesop, *The Aesop for Children with Original Pictures by Milo Winter* (New York: Rand McNally & Co, 1919), Library of Congress.

2 Ken Poirot, *Mentor Me: GA=T+E—A Formula to Fulfill Your Greatest Achievement* (Indianapolis: Dog Ear Publishing, 2014), Kindle.

3 Deepak Chopra, M.D., *The Seven Spiritual Laws of Success: A Practical Guide to the Fulfillment of Your Dreams* (San Rafael, CA: Amber-Allen Publishing, 1994), Kindle.

4 Matt. 7:3 ESV (English Standard Version).

5 The Merriam-Webster Dictionary (2016), s.v. "Accepting."

第 11 章

1 Eyal Winter, Ph.D., "Why It Is Hard to Live for the Moment," *Psychology Today*, September 19, 2016, https://www.psychologytoday.com/us/blog/feeling-smart/201609/why-is-it-hard-live-the-moment.

第 12 章

1 Katty Kay & Claire Shipman, *The Confidence Code: The Science and Art of Self-Assurance — What Women Should Know* (New York: HarperCollins Publishing, 2014), 164.

2 The Merriam-Webster Dictionary (2016), s.v. "Authenticity."

3 Don Miguel Ruiz, *The Four Agreements: A Practical Guide to Personal Freedom* (San Rafael, CA: Amber-Allen Publishing, 1997), 8.

4 Brené Brown, Ph.D., "The Power of Vulnerability," filmed June 2010 in Houston, U.S.A., TED video, 20:03. https://www.ted.com/talks/brene_brown_the_power_of_vulnerability?language=en.

第 13 章

1 Debra Poneman, *The 5 Secrets to a Life of True Success* (Debra Poneman, 2020), 4, PDF.

2 The Merriam-Webster Dictionary (2016), s.v. "Success."

3 Jacquelyn Smith, "This Is How Americans Define Success," *Business Insider*, October 3, 2014, https://www.businessinsider.com/how-americans-now-define-success-2014-10.

4 Arianna Huffington, *Thrive: The Third Metric to Redefining Success and Creating a Life of Well-Being, Wisdom, and Wonder* (New York: Harmony, 2014), Kindle.

5 Ibid.

6 Madison Lennon, "10 Things George Clooney Does to Achieve Success," *The Richest*, October 16, 2019. https://www.therichest.com/luxury/george-clooney-success-tips/.

7 Max Ehrmann, *The Desiderata of Happiness* (New York: Crown Publishers,1948), 10.

第 14 章

1 Kyle Cease, *The Illusion of Money: Why Chasing Money Is Stopping You from Receiving It* (Carlsbad, CA: Hay House, 2019), Kindle. https://kylecease.com/illusion/

2 Ibid.

3 Heb. 13:5 ESV (English Standard Version).

4 Ken Honda, "Happy Money: The Japanese Art of Making Peace with Your Money," accessed April 5, 2021, https://kenhonda.com.

5 Ibid.

6 Jill Cornfield, "Zen millionaire Ken Honda Says Your Personality Type Is Key to How You Handle Your Finances," *CNBC*, August 9, 2019, https://www.cnbc.com/2019/08/09/do-you-recognize-yourself-in-one-of-these-emotional-money-types.html.

7 Honda, "Happy Money," https://kenhonda.com/book.

8 Ibid, https://kenhonda.com.

第 15 章

1 Mel Robbins, "About Mel," accessed July 12, 2021, https://melrobbins.com/about/.

2 Jacquelyn Smith, "11 Ways to Beat the Monday Blues," *Forbes*, February 25, 2013, https://www.forbes.com/sites/jacquelynsmith/2013/02/25/11-ways-to-beat-the-monday-blues/?sh=56b2d5f023f5.

第 16 章

1 Brad Blanton, Ph.D., *Radical Honesty: How to Transform Your Life by Telling the Truth* (Stanley, VA: Sparrowhawk Publications, 1994), 282.

2 John 8:32 KJV (King James Version).

第 17 章

1 Phil. 4:7 NIV (New English Version).

第 18 章

1 Matshona Dhliwayo, *The Little Book of Inspiration* (Toronto: Wise Words from a Foolish Son., 2016), Kindle.

第 20 章

1 Sue Morter, D.C., "Central Channel Breathing," last modified August 1, 2014, https://drsuemorter.com/2014/08/01/the-central-channel-breath/.

第 23 章

1 Michael A. Singer, *The Surrender Experiment: My Journey into Life's Perfection* (New York: Harmony, 2015), Kindle.

2 David R. Hawkins, M.D., Ph.D., *Letting Go: The Pathway of Surrender* (Carlsbad, CA: Hay House, 2014), 32.

3 "About," Access Consciousness, accessed June 25, 2021, https://www.accessconsciousness.com/en/about/.

資源

書籍

Rajita Kulkarni Bagga, *The Unknown Edge: A Mystical Journey of Self-Discovery*

Dale Carnegie, *How to Stop Worrying and Start Living*

Jack Canfield, *The Success Principles*

Deepak Chopra, *The Seven Spiritual Laws of Success*

Alan Cohen, *A Course In Miracles Made Easy*

Stephen R. Covey, *The 7 Habits of Highly Effective People*

Dr. Joe Dispenze, *Breaking the Habit of Being Yourself: How to Lose Your Mind and Create a New One*

Dr. Wayne Dyer, *Change Your Thoughts - Change Your Life: Living the Wisdom of the Tao*

Dr. Wayne Dyer, *The Power of Intention: Learning to Co-Create Your World Your Way*

Neville Goddard, *The Power of Awareness*

Neville Goddard, *Be What You Wish*

Dr. David R. Hawkins, *Power vs. Force: The Hidden Detriments of Human Behavior*

Dr. David R. Hawkins, *Letting Go: The Pathway to Surrender*

Louise Hay, *You Can Heal Your Life*

Steven Hagen, *Buddhism Plain and Simple: The Practice of Being Aware Right Now, Every Day*

Napoleon Hill, *Think and Grow Rich*

Byron Katie, *Loving What Is*

Sarah McCrum, *Love Money, Money Loves You: A Conversation with the Energy of Money*

Dr. Sue Morter, *Energy Codes: The 7-Step System to Awaken Your Spirit, Heal Your Body, and Live Your Best Life*

Dr. Joseph Murphy, *The Power of Your Subconscious Mind*

Dr. Joseph Murphy, *Powers of Meditation*

Dr. Susan L. Reid, *Discovering Your Inner Samurai: The Entrepreneurial Women's Journey to Business Success*

Derek Rydall, *Emergence: Seven Steps for Radical Life Change*

Florence Scovel Shin, *The Game of Life and How to Play It*

Florence Scovel Shin, *Your Word is Your Wand*

Marci Shimoff, *Happy For No Reason*

Sri Sri Ravi Shankar, *An Intimate Note to the Sincere Seeker*

Michael A. Singer, *Untethered Soul: The Journey Beyond Yourself*

Michael A. Singer, *The Surrender Experiment: My Journey into Life's Perfection*

Eckhart Tolle, *A New Earth: Awakening to Your Life's Purpose*

Eckhart Tolle, *The Power of Now: A Guide to Spiritual Enlightenment*

Wallace D. Wattles, *The Science of Getting Rich*

Paramahansa Yogananda, *Autobiography of a Yogi*

課程

A Course in Miracles

https://acim.org/

The Art of Living Foundation

https://www.artofliving.org/us-en

Happiness Program

https://www.artofliving.org/happiness-program

CMA International Foundation

https://masterangels.org/about/

Health Beyond Belief

https://healthbeyondbelief.com/

Self-Realization Fellowship
https://yogananda.org/

The Work of Byron Katie
https://thework.com

Your Year of Miracles
https://youryearofmiracles.com/mp/miracles-in-2021/

Yes to Success
https://yestosuccess.com

技巧

Abraham-Hicks
https://www.abraham-hicks.com/

The Art of Living's Sahaj Samadhi meditation
https://www.artofliving.org/us-en/sahaj-samadhi-meditation

Ho'oponopono
https://www.laughteronlineuniversity.com/hooponopono-4-simple-steps/

Dr. Sue Morter's Central Channel Breathing
https://m.youtube.com/watch?v=3JKz4V9V4Xk

The Sedona Method
https://www.sedona.com/Home.asp

書名

因病得福——開始，停止追逐

作者

ELAINE CHUNG

翻譯

劉如風

責任編輯

P+ 出版部

書籍設計

P+ 設計部

出版

P.PLUS LIMITED

香港北角英皇道 499 號北角工業大廈 20 樓

20/F., North Point Industrial Building,

499 King's Road, North Point, Hong Kong

香港發行

香港聯合書刊物流有限公司

香港新界荃灣德士古道 220-248 號 16 樓

印刷

美雅印刷製本有限公司

香港九龍觀塘榮業街 6 號 4 樓 A 室

版次

2021 年 12 月香港第一版第一次印刷

規格

大 32 開（140mm x 210mm）248 面

國際書號

ISBN 978-962-04-4916-1